U0617203

高职体育俱乐部制教学系列丛书

田径、定向运动、康复保健

主　编　刘华锋　李志清　王　飞
副主编　黄　毅　张桂林　韩　桥　张　鹏
主　审　周世游

西安电子科技大学出版社

图书在版编目(CIP)数据

田径、定向运动、康复保健/刘华锋，李志清，王飞主编.
—西安：西安电子科技大学出版社，2016.2(2024.2 重印)
ISBN 978−7−5606−4038−9

Ⅰ. ① 田… Ⅱ. ① 刘… ② 李… ③ 王… Ⅲ. ① 田径运动
—高等学校—教材 ② 定向运动—高等学校—教材 ③ 运动保
健—高等学校—教材 Ⅳ.① G82 ② G804.3

中国版本图书馆 CIP 数据核字(2016)第 023909 号

策　　划　杨丕勇
责任编辑　王　斌　杨丕勇
出版发行　西安电子科技大学出版社(西安市太白南路 2 号)
电　　话　(029)88202421　88201467　　　邮　　编　710071
网　　址　www.xduph.com　　　　电子邮箱　xdupfxb001@163.com
经　　销　新华书店
印刷单位　陕西天意印务有限责任公司
版　　次　2016 年 2 月第 1 版　2024 年 2 月第 5 次印刷
开　　本　850 毫米×1168 毫米　1/32　印　张　3.5
字　　数　64 千字
定　　价　25.00 元
ISBN 978−7−5606−4038−9/G

XDUP 4330001−5
如有印装问题可调换

内 容 简 介

本书根据《全国普通高等学校体育课程教学指导纲要》的要求编写而成，主要介绍了田径、定向运动的基本技术、基本战术和运动竞赛规则，同时介绍了体育运动中容易出现的运动损伤及紧急处置办法。

本书适合田径、定向运动俱乐部的学员学习，也可作为对此类运动感兴趣的读者的自学用书。

前　言

2002 年教育部颁布的《全国普通高等学校体育课程教学指导纲要》中提出:"根据学校教育的总体要求和体育课程的自身规律,应面向全体学生开设多种类型的体育课程,可以打破原有系别、班级制,重新组合上课,以满足不同层次、不同水平、不同兴趣的学生的需要。""要充分发挥学生的主体作用和教师的主导作用,努力倡导开放式、探究式教学,努力拓展体育课的时间和空间。在教师的指导下,学生应具有自主选择课程内容、任课教师、上课时间的自由度,营造生动、活泼、主动的氛围。"

编者认为,高校体育组织形式以体育俱乐部教学模式,更符合以上文件的精神和要求,相比传统教学模式,其具有以下优点:

(1) 突出学生和教师参与的自主性,构建宽松、自由的体育学习环境。

(2) 采用多样灵活的教学方法,建立以学生为中心的教学评价激励机制。

(3) 强化教师的竞争与协作意识,从新的角度建设师资队伍。

本书主要介绍了田径、定向运动的基本技术、基本战术和运动竞赛规则，同时介绍了体育运动中容易出现的运动损伤及紧急处置办法。本书特别适合田径、定向运动俱乐部的学员学习，也可作为对此类运动感兴趣的读者的自学用书。

由于编者水平有限，书中难免有不足之处，还请广大读者批评指正。

作　者
2016 年 1 月

目　录

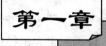

田径运动

一、田径运动概述

田径运动是在人类社会的发展中逐步产生和发展的。远在上古时代，人们为了生存，每天都要走、跑、跳越各种障碍、掷石块和使用捕猎工具，逐步形成了走、跑、跳跃和投掷等各种生活劳动的技能。早在公元前776年，希腊奥林匹克村举行的古代奥运会上就有了田径项目的比赛。

1896年在希腊雅典举行的第一届现代奥林匹克运动会上，田径运动的竞走、跑、跳跃和投掷等一些项目被列为大会主要比赛项目。1912年国际业余田径联合会成立了。它定义了田径运动是由田赛和径赛、公路赛、竞走和越野赛组成的。其拟定竞赛规则、组织国际比赛、设立与审批世界纪录以及促进国际田径交流等。

田径运动包含项目繁多，这些项目的技术动作结构和运动形式各不相同。通常人们把以时间作为计算单位来评判竞赛结果的项目称为径赛，其特点是以周期性的运动形式，多次重复来完成技术动作，它包括走、跑和跨越障碍物的跑等项目。人们把以远度和高度为计算单位来评判竞赛结果的项目称为田赛，其特点是以非周期性的运动形式来完成技术动作，所有的跳跃、投掷项目均属于田赛这一类。田径运动的三大代表项目为跑、跳、投。现国际重大田径比赛活动主要有奥林匹克运动会的田径比赛、世界杯田径赛和世界田径锦标赛。

我国田径运动一直到新中国成立前，发展缓慢，水平落后。新中国成立后到 1965 年，田径运动得到了迅速普及和提高。1966 年之后的十年，田径运动受到摧残。改革开放以来，我国田径运动获得了迅速的发展和提高。1984 年，新中国第一次全面参加在洛杉矶举行的第 23 届奥运会，朱建华以 2.31 米的成绩获得跳高铜牌。在 1986 年的第九届亚洲田径锦标赛中，我国运动员获得 21 枚金牌，位列金牌总数第一。1992 年至 2000 年，我国在国际重大田径比赛中获得了 7 枚金牌、4 枚银牌、3 枚铜牌，在世界田坛刮起了强劲的"黄色旋风"。2004 年，在雅典奥运会上，"中国飞人"刘翔以 12'91 的成绩获得男子 110 米栏金牌，邢慧娜获得女子 10000 米的冠军。2006 年 7 月 12 日，刘翔在瑞士洛桑田径超级大奖赛的男子 110 米栏的比赛中。以 12 秒 88 的成绩打破了沉睡了 13 之久、由英国名将科林·杰克逊保持的 12 秒 91 的世界纪录，令世界瞩目。2008 年北京奥运会，我国田径运动员获得了 2 枚铜牌。

田径不仅是增强人民体质的重要手段之一，还是其他各项运动的基础，我们通常称之为运动之母。经常性地、科学地参加田径运动，能促进人体的新陈代谢，改善神经系统的调节功能和内脏器官的机能，提高人体的健康水平与工作能力。此外，田径训练还能对培养顽强的意志品质起到积极的作用，是发展身心素质的手段，是提高其他运动项目水平的基础。

二、田径运动的基本技术

1. 短跑

短跑是田径运动径赛项目之一，正式比赛项目有 100 米、200 米、400 米。短跑属于极限强度的运动，是典型的以无氧代谢供能为主的运动项目。

短跑技术包括起跑、起跑后的加速跑、途中跑和终点冲刺四个紧密联系的组成部分。

1) 100 米跑技术

(1) 起跑。

起跑的任务是使身体迅速摆脱静止状态，获得向前的最大初速度，为起跑后的加速跑创造条件。短跑起跑必须采用蹲踞式起跑，必须使用起跑器。

① 起跑器的安装。

起跑器的安装方法(如图 1-1 所示)一般有普通式、拉长式两种。

A. 普通式：前起跑器距起跑线为一脚半长，后起跑器距前起跑器约一脚半长。

B. 拉长式：前起跑器距起跑线约两脚长，后起跑器距前起跑器约一脚长。

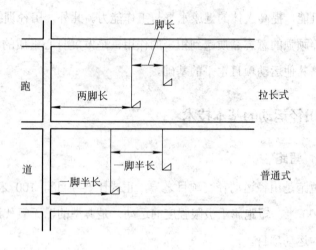

图 1-1

两起跑器左右间隔约为 15 厘米。前起跑器的抵足板与地平面约成 40°～45° 的角，后起跑器的抵足板与地面约成 70°～80° 的角。

要根据个人身高、体型、训练程度选用起跑器安装方法，使用时要根据个人情况加以选择。

② 起跑技术。

起跑是按两个口令和一个信号进行的，如图 1-2 所示。听到"各就位"口令后，做几次深呼吸，轻快地跑到起跑器前，俯身双手撑地，两脚依次踏在前、后起跑器的抵足板上，将有力的腿放在前面，后膝跪地，然后两手收回到起跑线后，两臂伸直或微屈，两手间的距离约与肩同宽或稍宽些，四指并拢或稍分开与拇指成"人"字形，身体重心稍前移，肩与起跑线齐平或稍后，背微弓而不紧张，颈部自然放松，两眼看前下方40～50厘米处，注意听"预备"口令。

听到"预备"口令时，随之吸一口气，抬起臀部稍高于肩，同时身体重心适当前移，这时体重主要落在两臂和前腿上。前腿大小腿夹角约为90°，后腿大小腿夹角约为120°，两脚掌紧压抵足板。做好"预备"姿势后，集中注意力听枪声，如图1-2所示的2。

听到枪声后，两手迅速离地面，屈肘做有力的前后摆臂，同时两腿迅速蹬起跑器，以很大的前倾姿势把身体推向前方。后腿蹬离地面起跑器后，迅速以膝领先向前摆出。摆出时脚不应离地面太高。当前腿迅速伸展髋、膝、踝三关节蹬离起跑器时，后腿已前摆并积极下压着地，完成第一步的动作，如图1-2所示的3、4。

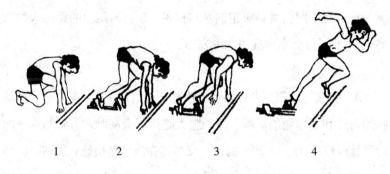

1　　　　2　　　　3　　　　4

图1-2

(2) 起跑后的加速跑。

起跑后应立即转入加速跑，加速跑的距离一般为20～25米，男子用11～13步跑完，女子用13～15步跑完。

起跑后的加速跑特点是：逐渐加大步长。起跑出发后第一步不宜大，着地点尽量靠近身体重心投影点，脚着地后迅速转入后蹬。第一步一般距起跑线 2～2.5 脚长处，第二步为 4～4.5 脚长，以后逐渐增大。在跑进时，两臂应积极摆动，两腿依次用力蹬地，上下肢协调配合，以迅速获得速度。

在加速跑初跑阶段，上体前倾很大，随着步长和速度的不断加大，上体逐渐抬起，直到正常姿势转入途中跑。

加速跑的最初几步，脚沿着两条相距不宽的直线着地，随着跑速的加大，脚的着地点逐渐合于一条直线上。在加速跑的过程中，速度的增加主要是依靠后蹬和摆腿动作，使步长逐渐加大，步频逐渐加快。

(3) 直道途中跑。

直道途中跑技术是短跑的基本技术，在百米跑中的距离大约为 65～70 米，占百米全程的 70%左右。

① 腿部动作。

A. 前摆与后蹬。当身体重心移过支点垂直面后，即开始了摆动腿的前摆和支撑腿的后蹬。摆动腿大腿摆至最高时，大腿与水平面约平行或约成 15°～20°的角。支撑腿在摆动腿快速有力前摆配合下，快速有力地伸展髋、膝和踝三关节，形成支撑腿与摆动腿协调的蹬摆动作，如图 1-3 所示。

途中跑时，两腿的蹬摆协调配合是技术关键。一腿蹬地为另一腿前摆提供了有利条件，前摆又加强了蹬地效果。腿的蹬摆配合最终表现为一腿快速后蹬结束时，另一腿前摆到最高部位。支撑腿与摆动腿约成 100°～110° 的角，支撑腿的支点髋关节的连线与地面夹角约成 55°～60° 的角。

图 1-3

B. 着地缓冲。支撑腿蹬离地面进入腾空阶段。腾空后进入短暂的消极阶段，应该放松后蹬时的有关肌群，以节省能量。

腾空后原地摆动腿以髋关节为轴大腿积极下压，膝关节放松，小腿随摆动大腿下压的惯性自然向前下伸展，准备着地。当脚前掌着地瞬间，迅速地向后下方做扒地动作，以缩短前支撑的时间和减少阻力。支撑腿蹬离地面后，小腿顺惯性向大腿靠拢，形成边折叠边前摆的动作，由于后蹬腿后摆时大小腿折叠缩短了摆动半径，有利于快速前摆，直至摆过支撑腿的膝关节前部后摆结束。这时大小腿折叠角度最小，脚跟几乎触及臀部。

② 上体姿势与摆臂。

途中跑时，头部正直，上体稍前倾，两臂以肩为轴，做前后有力摆动。手臂前摆时稍向内，高度稍超过下颚，并伴随同侧肩前送和异侧肩后引，手臂前摆过程的关节角趋于逐渐减小。正确的摆臂技术不仅能保持身体在运动中的平衡，而且有助于加快两腿动作的频率和增大步幅。

(4) 终点跑。

终点跑是在短跑全程的最后一段距离中使用的技术。其任务是动员全部力量保持最快速度冲向终点。终点跑要加强腿的后蹬力量，加快摆臂的频率。在离终点最后 1～2 步应迅速前倾上体。到终点时，达到最大的上体前倾，用胸部或肩部撞终点线，如图 1-4 所示。跑过终点后应逐渐减速，不要突然停止，以免摔倒受伤。

图 1-4

2) 200 米和 400 米跑技术

(1) 弯道起跑和起跑后的加速跑。

为了便于加速，起跑后开始一段应沿直线跑进。起跑器安装在起跑道右侧方正对弯道切点方向，如图 1-5 所示。左手撑在起跑器线后约 5～10 厘米处。

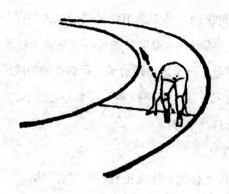

图 1-5

(2) 弯道跑。

弯道跑时，身体应向圆心方向倾斜，如图 1-6 所示。后蹬时右脚用脚前掌的内侧，左脚用脚前掌的外侧着地。摆动时右膝关节向内，左膝关节稍向外。两臂摆动时，右臂摆动的幅度和力量都应大于左臂。右臂后摆时肘关节稍偏向右后方，前摆时稍偏向左前方，左臂则靠近体侧。

图 1-6

(3) 200 米和 400 米跑的体力分配。

200 米跑不可能用全速跑完。在体力分配上，第一个 100 米要用接近最高速度来跑，第二个 100 米竭尽全力跑完全程。400 米跑要注意放松，步幅开阔，有明显的节奏。目前 400 米跑多采用"匀速跑"，这样不至于过早地出现疲劳。后 200 米的成绩一般比前 200 米成绩差 2～3 秒。训练水平越高，这个差数越小。

3) 跑的专门性练习

(1) 原地摆臂。

动作要领：上体稍前倾或正直，两脚前后站立，颈肩放松，两眼平视。手腕放松，手指微屈，两臂弯曲，大小臂约成 90°角，以肩关节为轴，以大臂发力前后有力摆动。臂向前摆速度要快，幅度要大。

(2) 小步跑。

动作要领：身体稍前倾，大腿抬起与水平约成 35°～45°角，膝关节放松，然后大腿、小腿下压并前伸，并很快以前脚掌积极着地，脚趾完成最后"扒地"动作，两腿前后摆动配合小腿动作。小步跑要求步幅小，频率快而放松，如图 1-7 所示。

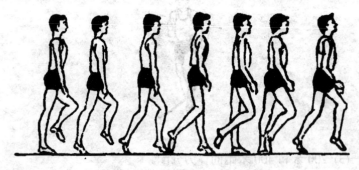

图 1-7

(3) 高抬腿跑。

动作要领：上体正直稍前倾，身体重心提高，大腿高抬与躯干约成 90°角，然后积极下压，膝关节放松，小腿自然伸开用前脚掌着地，支撑腿的髋、膝、踝关节充分伸展，骨盆前送，两臂前后摆动配合两腿动作，如图 1-8 所示。

图 1-8

(4) 后蹬跑。

动作要领：上体稍前倾，支撑腿后蹬充分蹬直，而摆动腿屈膝关节领先向前摆出，然后大腿积极下压，用前脚掌着地，两膝前后摆动配合两脚动作，如图 1-9 所示。

图 1-9

2．中长跑

中距离跑和长距离跑合称为中长跑，属于耐力性运动项目。正式比赛项目有：女子 800 米、男子 1500 米，属于中距离跑；女子 5000 米、男子 10 000 米，属于长距离跑。

中长跑既是竞技项目，又是很好的健身运动，主要是以有氧代谢为主。中长跑既要跑出一定的速度，又要跑得持久，是发展持久奔跑能力、提高心血管系统和呼吸系统机能的有效手段。经常参加中长跑运动能有效地提高氧的利用率，加强新陈代谢，提高健康水平，还可以改善心理状态，使人乐观自信，培养人勇敢、坚毅和克服困难的精神。

1）中长跑的技术

中长距离跑的完整技术包括起跑和起跑后的加速跑、途中跑、终点跑等。其分述如下：

(1) 起跑和起跑后的加速跑。

中长跑一般采用站立式起跑(如图 1-10 所示)，800 米运动员还可采用半蹲式起跑(如图 1-11 所示)。其动作的顺序为："各就位"时，运动员可做 1～2 次深呼吸，然后放松慢跑或走到起跑线处，两脚前后开立，有力的腿在前，紧靠起跑线的后沿，全脚着地前脚跟和后脚尖之间距离约为一脚长。后脚用其前脚掌支撑站立，两脚左右间隔约为半脚长。两膝弯曲，后腿弯曲角约为 130°，身体重心落前脚上支撑站立。上体前倾，其大小根据个人特点和比赛战术而定。前脚一侧臂前伸，另一侧臂在体侧稍后。目视前方 3～5 米，保持身体稳定，注意听枪声或"跑"的口令。听到信号时，两腿用力蹬地，前脚蹬地后，后腿积极前摆，然后过渡到前腿蹬直，两臂配合腿部动作快速摆动。

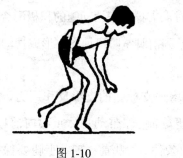
图 1-10

图 1-11

起跑后的加速跑是指第一步到发挥出个人理想的速度及预计的战术位置的这段距离。其特点是上体逐渐抬起，摆臂迅速而有力。

加速跑时，在不妨碍别人、不犯规或不被别人影响的情况下，跑向自己理想的位置，进入途中跑。

(2) 途中跑。

① 上体的姿势。上体姿势正直或稍向前倾，头部自然，颈部肌肉放松，眼平视，在后蹬结束的一瞬间，髋部前送。这样可为肌肉和内脏器官的工作创造有利的条件，提高后蹬效果。

② 摆臂动作。两手半握拳，肘关节自然弯曲，两臂稍微离开躯干，以肩为轴，前后自然摆动。摆臂动作幅度的大小应随跑动而变化，摆幅要适当。感到疲劳时，可变换肘关节的弯曲度或低臂摆动一些时间，减少疲劳的程度。

③ 腿部动作。

A. 后蹬与前摆：在一个跑的周期中，当身体重心移过支撑点以后，随即开始后蹬与前摆。这时摆动腿膝关节迅速有力地向前方摆出，带动同侧骨盆前送的同时，支撑腿在摆动腿的积极配合下，依次伸直髋、膝、踝关节，过渡到前脚掌蹬离地面，形成摆动腿与支撑腿间的协调配合。

摆动腿积极向前摆动，能增加支撑腿的支撑反作用力，加快蹬地速度，加大步幅，使髋部更好前送，带动身体重心向前移动，同时也为摆动腿积极着地创造条件。大腿前摆时，小腿要保持放松而自然下垂；当后蹬动作结束时，小腿处在与蹬地腿几乎平行的状态。

B. 腾空：后蹬腿离地后，身体进入腾空，腾空要低，放松蹬地腿的肌肉，并将大腿向前方摆出，当后蹬腿的大腿向前摆动时，小腿顺惯性自然摆起，膝关节弯曲，形成大小腿折叠的姿势；脚在空中移动的轨迹高度在膝关节附近。小腿顺惯性折叠，有助于摆动腿积极、迅速、省力地向前摆。大腿前摆的速度越快，肌肉获得放松的可能性越大，大小腿折叠的程度也越大。

C. 着地：当前摆到适宜时，大腿积极下压，小腿自然打开，并用前脚掌着地，着地之后，支撑反作用力向后上，为减少阻力和脚掌肌肉的负担，落脚点应靠近重心投影点较近的地方。前脚着地后，膝关节稍弯曲，以缓冲脚着地时产生的冲击力，并为过渡到后蹬创造条件。

(3) 终点跑。

终点跑是临近终点的一段加速跑。一般进入最后的直道时，要竭尽全力进行冲刺跑。终点冲刺要根据运动员本人的特点、项目、训练水平及临场情况和战术需要而定。一般情况下，800 米跑至最后 300～200 米时开始加速；1500 米在最后 400～300 米时开始加速；1500 米以上的项目可以更长些。速度好的运动员可在进入最后一个直道时突然加速冲刺，以摆脱对手，争取优异成绩。

(4) 中长跑的呼吸。

初参加中长跑练习的人，首先感到呼吸急促或感到胸闷、难受。这是换气率低缺氧的表现。为了改善气体交换和血液循环的条件，达到所需的通气量，须正确掌握呼吸方法与节奏。正确的方法是用鼻和半张嘴同时进行，呼吸节奏和步伐应自然协调。

在中长跑中出现的一个特点就是"极点"。特征为胸部发闷，呼吸困难，动作无力，跑速降低，有难于继续坚持跑下去的感觉。这是在跑的过程中正常的生理反应。随着运动员训练水平的提高，"极点"表现不明显或者不出现。出现"极点"时，一定要以坚强的意志跑下去，并调整呼吸，多做些深呼吸，适当调整跑速，保持节奏，坚持一段距离，难受的感觉会减轻。"极点"的现象是可以克服的，并能从中锻炼意志和克服困难的精神。

2) 中长跑的练习方法

(1) 变速跑。主要发展速度耐力，体会跑的用力和放松，经常练习可提高速度耐力，掌握体力分配方法。

(2) 重复跑。主要发展速度和速度耐力，应注意重复跑的时间间隔，恰当地掌握休息时间。重复跑的训练是反复跑几个段落，休息时间较充分。跑的距离、重复次数、要求的强度应根据专项特点、训练任务而定。距离可采用 100～300 米、400～600 米、1000～1600 米、2000～4000 米，甚至 8000 米。

在短于专项距离的重复跑时，速度应该高于比赛平均速度。与比赛距离相同的重复跑训练应适当减少。

(3) 间歇跑。在练习时，使心率在不低于 120 次/分钟进行下一组练习。一般常在 200～800 米的距离内采用间歇跑，使心率保持在每分钟 120～180 次的范围内，使心输出量处在最佳水平上。在间歇时肌肉得到休息，而心脏仍处在很高的活动水平，使整个训练对心脏功能的增强都有显著效果。

(4) 定时跑。主要发展一般耐力和跑的能力，掌握和改进跑的技术，增强内脏器官机能，培养速度感觉。有两种形式：一是只规定时间不规定距离；二是时间、距离都做规定。

(5) 越野跑。根据地形，选择跑的方法，以简单、安全、了解情况的路线为最好。

(6) 软地提踝跳及柔韧、协调性练习。

(7) 耐力训练。

① 一般耐力训练。一般耐力训练是指通过强度小、时间长的越野跑、游泳、滑冰、滑雪、爬山和各种球类练习进行训练。

发展一般耐力训练要从增加运动量开始，循序渐进，波浪式地前进。随着训练水平的不断提高，适当增加运动量和强度。中长跑运动员的一般耐力训练，除训练课安排外，常常利用早操时间，进行一个小时左右的持续跑或各种形式的越野跑。

② 专项耐力训练。发展专项耐力训练一般常采用间歇跑、重复跑、变速跑，接近专项距离、专项距离或略超过专项距离的计时跑以及专项检查跑、测验、比赛等。

(8) 身体训练。随着中长跑运动成绩的不断提高，运动员的身体训练水平必须与成绩的提高相适应。中长跑运动员身体训练的关键，是要将一般身体训练与专项身体训练结合好。

在进行力量练习时，可采用较长时间的跳跃、投实心球或沙袋，也可采用加大困难条件的跑、跳练习。例如，上坡跑，沙滩跑，草地跑，在松软土地或雪地上跑、跳练习。发展力量练习时，还需考虑到上、下肢、腰、腹肌的协调发展。中长跑运动员更应突出耐力和力量耐力为主的身体训练。

3. 跳远

跳远是田径运动比赛田赛项目之一，它是由助跑、起跳、腾空和落地四部分组成的。跳远的距离取决于人体腾起初速度的大小与适宜的腾起角度，而初速度是由水平速度和垂直速度决定的。因此，快速的助跑与有力的起跳相结合的技术是跳远技术的关键，而保持平衡的空中姿势及合理的落地动作对跳远的距离也有着很大的影响。

1）跳远的技术

（1）助跑。

① 助跑的速度和距离。

助跑的速度是创造优异的跳远成绩的先决条件。优秀男子跳远运动员的助跑速度达到 10～11 米/秒，女子达到 9～10 米/秒。助跑速度越快，对上板的准确性的要求就越高，起跳的速度也应该越快。然而，对于初学跳远者，过分地强调助跑速度，而忽视起跳技术的掌握，反而会使成绩下降。因此，助跑速度与起跑技术有机地结合是取得良好成绩的重要保证。

助跑距离的长短是由跳远者的加速能力、加速方式及快跑中正确完成起跳的能力来确定的。男子跳远运动员的助跑距离一般为 30～46 米，约跑 16～24 步；女子跳远运动员助跑距离为 25～38 米，约跑 16～20 步。其丈量方法有：一是走步丈量法，即走的步数是所要跑的步数乘 2 减 2。如要助跑 6 步，则走的步数为 $6 \times 2 - 2 = 10$ 步。二是跑步丈量法，即运动员从起跳线以本人已定的助跑方式向助跑起点方向跑，完成其预定的步数，其最后一步落地点为助跑起点。

② 完成助跑的方法。

助跑应做到快速、准确、平衡、直线、放松和有节奏。

A. 起动方式：一是原地半蹲或站立从起跑线静止状态开始助跑，称为静态助跑起动方式；二是从起跑线后先走几步或跑几步，再正式开始助跑，称为动态助跑起动方式。

B. 加速方式：一是全程均匀地加速；二是快速起动，中段速度平衡，后程再次提高速度。

C. 最后几步跑：最后几步助跑时，既要保持高速度，又要做好起跳准备，其最后几步的步长根据个人的特点而定，不能强求统一的模式。

D. 正确设置助跑标志：一般来讲，把起跑线确定为第一标志，起跳板后6步或4步处为第二标志。

③ 准确踏板的要求。

A. 相对稳定的助跑距离。

B. 采用合理的上板技术和加速度方式。

C. 保持稳定的步长和节奏。

D. 正确使用助跑标志。

(2) 起跳。

起跳是利用助跑所获得的速度，在较短的时间内，获得理想的腾起初速度和适宜的腾起角。它分为起跳脚着板、缓冲、蹬伸三个阶段。

① 起跳脚着板：起跳脚要积极主动地上板，并且是足跟与足掌几乎同时着板。

② 缓冲：起跳着板至膝关节弯曲程度大时称为缓冲。其作用在于减缓起跳的制动力，减少助跑速度的损失，积极前移身体，为蹬伸创造有利条件。

③ 蹬伸：起跳腿膝关节弯曲最大至起跳脚离地称为蹬伸。蹬伸时，起跳脚的髋、膝、踝三个关节充分伸展，上体抬起，头部保

持正直，摆动腿大腿积极向前上方摆至水平或高于水平位置，小腿自然下垂，两臂也积极地配合下肢摆动。

(3) 空中姿势(空中动作)。

起跳离地后，身体向上腾起，并在空中完成各种动作的过程为空中动作阶段。空中动作分为蹲踞式、挺身式、走步式三种姿势。

① 蹲踞式。

动作要领：起跳腾空后，摆动腿继续高抬，两臂向前挥摆，起跳腿向前上方提举，逐渐与摆动腿靠拢，随后两腿向上收，上体前倾，将要落地时，两臂经前向下向后摆动，同时小腿前伸准备落地，如图 1-12 所示。

图 1-12

蹲踞式跳远的特点：简单易学，但由于下肢离身体重心较近，易产生向前回旋而失去腾空的稳定性。

② 挺身式。

动作要领：起跳腾空后，摆动腿积极下压，小腿向下向后摆动，起跳腿微微屈膝，与摆动腿靠拢，当达到腾空最高点时，展髋挺胸，两臂上举或后摆，然后收腹，双腿前伸，准备落地，如图 1-13 所示。

图 1-13

挺身式跳远的特点：能充分拉长体前肌群，有利于收腹举腿、前伸双腿和准备落地。空中旋转力矩较大，易于维持身体平衡。但空中姿势及用力特点衔接不紧密。

③ 走步式。

动作要领：起跳腾空后，摆动腿下落并向前摆动，同时，起跳腿屈膝前摆，在空中完成一个自然的摆动或直臂绕环的动作，形成起跳腿在前、摆动腿在后的空中动作。

空中完成一个换步动作，接着便落地的空中动作称为两步半走步式；完成两次换频动作称为三步半走步式。

走步式跳远的特点：助跑起跳与空中的动作各技术部分衔接紧密，便于发挥助跑速度和维持身体在空中的平衡，由于技术动作较复杂，必须具备较高的身体全面发展水平，才能掌握正确的技术动作。

(4) 落地。

落地前，双臂快速向后摆动，双腿尽量上举，小腿积极前伸；着地后，两腿迅速屈膝缓冲，髋部前移，两臂快速前摆，使身体重心迅速移过落地点。

2) 跳远技术的练习

(1) 助跑和起跑相结合技术。

① 原地起跳练习，体会蹬与摆、上下肢的协调配合。

② 进行间做连续起跳模仿练习。

③ 短、中距离的助跑起跳练习。

④ 全程助跑起跳的练习。

(2) 空中动作与落地相结合技术。

① 蹲踞式。

A. 模仿练习。原地跳起，抬腿屈膝，使膝部靠近胸部，双手抱膝成蹲踞姿势。

B. 蹲踞姿势跳过横杆练习。

C. 立定跳远练习。

D. 短、中距离助跑蹲踞式跳远练习。

② 挺身式。

A. 原地模仿练习：原地站立，摆动腿向前上方轻抬，然后下压并向后摆，两臂向侧上方伸展，胸部前送，挺胸展身形成挺身式姿势。

B. 从高处落下，完成挺身式空中模仿动作。

C. 短、中距离助跑挺身式跳远练习。

③ 走步式。

A. 原地跳起或行进间模仿走步式空中"换步"动作。

B. 跨步跳练习。

C. 从高处跳下，完成空中"换步"动作，落地时起跳腿在前，摆动腿在后。

D. 短、中距离助跑的走步式跳远练习。

(3) 全程助跑、起跳技术、腾空和落地技术的相互衔接。

(4) 全程技术。

4. 推铅球

推铅球是田径运动田赛投掷项目之一。推铅球是在直径为2.135 米的圆圈内进行，并要求铅球的落点必须在规定的 40°夹角的扇形投掷区内，正式比赛铅球的重量是：男子为 7.26 千克，女子为 4 千克。

1) 推铅球的技术

推铅球的技术是单手持球放在肩上锁骨窝处，站在投掷圈内靠近后沿处，经过滑步或旋转，单手从肩上推出，使铅球落在规定的扇形有效投掷区内的投掷项目。

推铅球是一个完整的、连贯的技术动作。从技术上通常分为握法和持球、预备姿势、滑步、最后用力推球出手、维持身体平衡五个组成部分。

(1) 握法和持球。

① 握法。铅球的握法有两种(以右手推铅球为例)：

A. 食指、中指、无名指三指自然分开，用指根和手掌前部位托住铅球，掌心必须空着，小指伸展与大拇指扶持于铅球两侧，手腕背屈，如图 1-14 所示。

图 1-14

B. 五指自然分开，四指托住铅球，拇指扶住铅球内侧(此法多为优秀运动员采用)，如图 1-15 所示。

图 1-15

② 持球。将铅球放置右颈骨窝处，右臂屈肘，掌向前；左臂屈肘，肘部稍低于肩。右上臂与躯干夹角约为 45°，最大夹角不得超过 90° 角，如图 1-16 所示。

图 1-16

(2) 预备姿势。

滑步前的预备姿势分为高姿势和低姿势两种：

① 高姿势。其优点是利用由高向低的势能迅速克服人体的静止状态。但是，高姿势在滑步前，同样要完成"屈体低重心"的技术，实际上高姿势是低姿势的开始部分。因此，预备姿势以低姿势用力，如图 1-17 所示。

图 1-17

② 低姿势。持球后，背向投掷方向，两脚前后开立，左上肢紧贴投掷圈内沿，脚跟正对投掷方向，身体重心落在左腿上。左腿放松，脚尖点地，上体前俯。上体前俯与左腿屈曲程度因人而异，尽可能加大。左上臂自然前伸，眼睛看前下方 2～3 米处。其优点是容易维持身体平衡。

(3) 滑步。

滑步的目的是使铅球获得一定的水平速度，为最后用力创造良好的条件。实践表明，原地推铅球和优秀的滑步推铅球技术成绩相差 1.5～3 米。滑步时应注意身体平衡，技术动作要协调、连贯，如图 1-18 所示。

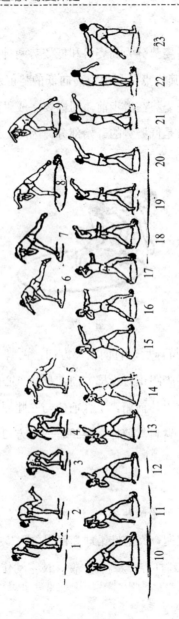

图1-18

滑步前先做一、二次预摆。左腿向后方摆出，右腿弯曲，降低身体重心。左臂自然前伸或自然下垂，如图 1-18 所示的 1～3，当左腿摆到一定高度后，左腿回收靠近右膝时成团身姿势，身体重心稍向后移，左腿快速向抵趾板方向摆出。同时右腿发力蹬地，用蹬地、摆腿的力量带动身体重心向投掷方向移动，如图 1-18 所示的 4～6。当左腿蹬直时，迅速收小腿，同时右膝、右腿边收边向左转，左腿完成摆动后要积极下落，两脚着地相隔时间越短越好，此时体重落在弯曲的左腿上。上体仍保持滑步开始的姿势，肩轴与髋轴成扭紧状态，为最后用力做好准备，如图 1-18 所示的 7～8。

(4) 最后用力推球出手。

最后用力推球出手是推铅球技术的主要环节。当左脚滑到圆心点处时，最后用力推球出手即开始了。当左脚一着地，左腿有力地支撑地面，左腿积极蹬直，推动左髋向投掷方向转动。这时髋轴的转动要超过肩轴，上体出现扭紧状态，腰、背肌肉也被拉长。随着右腿的蹬伸，上体也逐渐向上方抬起，使体重得向左脚移动。当身体左侧移至与地面垂的一刹那，右肩固定，左脚迅速蹬直，以身体左侧形成支撑轴，上体和头部向推球方向转动，左肩猛力向前送出，挺胸抬头，右臂积极快速做推球动作，用手腕和手指的力量，将球从左肩上方沿 40°左右角度出手推拨出去，如图 1-18 所示的 7～21。

(5) 维持身体平衡。

铅球出手后，身体由于惯性，向前冲力很大，就会使身体失去平衡。为了防止冲出投掷圈外造成犯规，投掷者应立即将左腿快速换到前面并屈膝，将左腿后伸，降低身体重心，改变重心移动的方向，维持身体的平衡，如图 1-18 所示的 22～23。

2) 推铅球的练习方法

(1) 原地推铅球方法。

① 原地推铅球：握持铅球稳妥后，两腿前后开立，重心落在弯曲右腿上，上体右转，左臂放松置于胸前，右腿向前上方蹬转用力，躯干转向前上方，将球推出。

② 徒手做侧向、背向原地推铅球的模仿练习，主要体会各部位肌肉用力顺序。

③ 持轻器械或实心球做原地或背向推铅球练习，主要是为了更快、更好地掌握技术。

(2) 滑步练习方法。

① 徒步练习滑步技术，体会"蹬、摆"的配合。

② 持轻器械做滑步练习，要求动作连贯、快速，主要体会"先摆后蹬、摆蹬配合、以蹬为主"的滑步技术要领。

(3) 完整技术练习方法。

① 徒手练习背向滑步推铅球完整技术。

② 持轻球做背向滑步推铅球完整技术，目的在于掌握完整的推铅球技术。

③ 持重球做背向滑步推铅球技术，目的在于强化专项力量和手的投掷能力，提高推铅球技术。

三、田径比赛规则简介

标准田径场应为 400 米半圆式并由两个平行直道和两个半径相等的弯道构成。其半径为 36.50 米(36 米、37.898 米均可)，分道宽为 1.22 + 0.01 米，分道线宽为 5 厘米，所有分道宽应相同(分道宽应包括右侧分道线)。

田径比赛的依据是：田径规则、裁判方法、竞赛规程、补充通知、技术会议的有关规定。这是田径比赛中，裁判员、运动员、教练员必须遵守的法则。比赛中如有运动员对裁判员的判决、判罚有异议或不满，可向裁判长提出口头抗议并保留成绩，再以书面的形式向仲裁委员会提出抗议，仲裁委员会的裁决为最终判决。

1. 径赛规则简介

1) 短跑

(1) 短距离运动员必须使用起跑器采用蹲踞式起跑。

(2) 在"各就位"口令之后，运动员必须走向起跑线在自己的分道内完成起跑准备姿势。双手和一个膝盖必须触地，双脚必须触及起跑器。"预备"口令时，运动员应立即抬高身体重心，做好起跑姿势。此时，运动员的双手仍需与地面接触，双脚不得离开起跑器，双手或双脚均不得触及起跑线或线前地面。

(3) 在"各就位"或"预备"口令发出后，所有运动员应立即做好预备姿势，不得延误。对经适当时间仍未做好预备姿势者，则以起跑犯规论处。鸣枪或启动经批准的发令器，运动员开始起跑动作。

(4) 运动员在做好预备姿势后和鸣枪之前开始起跑动作，应视为起跑犯规。

(5) 对于第一次起跑犯规的运动员，必须予以警告。对第二次起跑犯规负有责任的运动员或在全能比赛中对 2 次起跑犯规负有责任的运动员应取消比赛资格。

(6) 分道跑时，运动员必须在规定的各自跑道内跑完全程。在弯道跑中，运动员的脚不得触及左侧分道线，不得串道且阻碍其他运动员在其跑道内的正常跑进。

2) 中、长距离跑

(1) 中、长跑项目(800 米距离以上和竞走)，除执行短距离跑规则外，起跑时只使用"各就位"口令。在所有运动员稳定时，鸣枪或启动经批准的发令器。起跑时，运动员不得单手或双手触地。

(2) 运动员在做好最后预备姿势之后和鸣枪之前开始起跑动作应判为起跑犯规。

(3) 比赛中，运动员挤撞或阻碍他人、妨碍其他运动员跑或走时，应取消其比赛资格。

(4) 在分道起跑比赛中，800 米应在第一个弯道末端的抢道标志线之前为分道跑，允许运动员越过抢道线后离开自己的分道切入里道。

(5) 接力跑。除执行短距离跑规则外，接力跑比赛还有特殊的规定：运动员起跑时接力棒不得触及地面，必须在接力区内完成交接棒(以接力棒为准)，不得有抛掷接力棒行为。接棒人不得借助力后跑进，必须持棒跑完全程。掉棒后，必须由原掉棒人捡起而跑进，不得因捡棒而缩短跑的距离。运动员交棒后离开自己的分道时，不得阻挡他人跑进。4 × 400 米接力跑，第一棒、第二棒在第三个弯道跑末端的抢道标志线之前为分道跑，运动员越过抢道线后允许离开自己的分道切入里道。第三棒运动员应以各队第二棒运动员在 200 米起点处的跑进顺序在公共接力区由里道向外道排序站位，接棒时不得因名次变化而改变排序。

3) 径赛项目的成绩判定

径赛项目运动员在跑(走)完规定距离所用的时间越少，则成绩越好，其成绩判定以运动员身体躯干(不包括头、颈和四肢)任何部位抵达终点线后沿垂直面的顺序为准。起、终点线宽度为 0.05 米，起点线包括在规定距离内、终点线不包括在规定距离内。若成绩相等：一般情况下，当运动员手计时 1/10 秒决定成绩相等时，要看1/100 秒；电计时 1/100 秒决定成绩相等时，要看 1/1000 秒。

2. 田赛规则简介

运动员试跳(试掷)成功举白旗，失败举红旗。超过规定时限按一次失败处理。试跳(掷)按事先排定的顺序进行，无故不得随意改变。轮次规定：高度项目运动员在一个高度上试跳一次为一个轮次，每个高度最多只有三个轮次；远度项目(跳远、三级跳远和投掷项目)运动员在试跳(掷)完一次为一轮次。田赛(包含高度和远度项目)测量成绩时，以 0.01 米为最小计量单位，不足 0.01 米不计。

(1) 田赛远度。

投掷项目的器材落地时，必须完全落在落地区角度线内沿以内，试掷为有效。

名次判定：

① 应计以运动员最好的一次试跳(掷)成绩，包括因第一名成绩相等而进行的决名次赛的试掷成绩，作为其最后的决定成绩；

② 如决定成绩相等，则以次优成绩判定名次。如次优成绩仍相等，则以第二较优成绩判定，其余类推。

如仍相等，并涉及第一名者，则令成绩相等的运动员，按原比赛顺序进行新的一次试(跳)掷，直至决出名次为止。其他名次成绩相等，名次并列。

(2) 远度比赛。

当运动员人数只有 8 人或少于 8 人时，每人均有六次试跳(掷)机会；当运动员人数多于 8 人时，则每人均有三次试跳(掷)机会，取得比赛有效成绩最好的前 8 名可再试跳(掷)三次。无论上述哪种情况，当运动员前三次试跳(掷)结束后，应对运动员的比赛成绩由优到差排序，第四、五次试跳(掷)顺序应与前三次试跳(掷)顺序的排名相反，最后一轮的试跳(掷)顺序应与第五次试跳(掷)顺序的排名相反。

1) 跳跃项目

(1) 跳高。

① 场地、器材简介。横杆全长为 4±0.02 米，最大重量为 2

千克,跳高架应有足够的高度,至少应超过横杆实际提升高度 0.10 米。两立柱间的距离为 4~4.04 米,落地区不得小于 5 米×3 米,助跑道长度不得短于 15 米。大型比赛的助跑道长度至少为 20 米;条件允许时,至少应为 25 米。

② 竞赛规则简介。

A. 关于试跳。

a. 运动员可以在主裁判事先宣布横杆升高计划中的任何一个高度开始试跳,也可以在以后任何一个高度根据自己的能力决定是否试跳。但在任何一个高度上,只要运动员连续 3 次试跳失败,即失去继续比赛的资格(因第一名成绩相等而进行的决定名次赛的试跳除外)。

b. 允许运动员在某一高度上第一次或第二次试跳失败后,在其第二次或第三次试跳时免跳,并在后继的高度上继续试跳,但是在此之前的试跳失败次数仍然累计。运动员在某一高度上请求免跳后,不得在该高度上恢复试跳,除非出现第一名成绩相等的情况。即使其他运动员均已失败,一名运动员仍有资格继续试跳,直至放弃继续比赛的权利。当某运动员已在比赛获胜时,有关裁判员或裁判长应征求运动员意见,由该运动员决定横杆提升高度(此规定不适应于全能比赛项目)。

B. 试跳失败。有下列情况之一者,应判为试跳失败:

a. 试跳后,由于运动员试跳动作,致使横杆未能留在横杆托上;或在越过横杆之前,运动员身体任何部位触及立杆前沿(离落地区较近的边沿)垂直面以外的地面或落地区。

b. 错过该次试跳顺序。

c. 无故延误比赛时限(如果在比赛中再次无故延误时限将被取消其比赛资格，但此前成绩仍然有效)。

d. 当裁判员通知运动员开始试跳后、运动员才决定免跳，而时限已过时，应判定该次试跳失败。

③ 成绩测量与名次判定。每次升高横杆后，应从地面垂直量至横杆上沿最低点，测量横杆高度。当横杆升高到记录时，有关裁判长必须进行审核、复测；如果横杆又被试跳运动员触及，在后继试跳之前，有关裁判长和裁判员必须再次复测横杆高度；应以 0.01 米为最小测量单位，不足 0.01 米不计。

每名运动员应以其最好的一次试跳成绩，包括因第一名成绩相等而进行的决名次赛的试跳成绩，作为其最后的决定成绩。

如决定成绩相等时，在出现成绩相等的高度上，试跳次数较少者名次列前；如成绩仍然相等，在包括最后跳过的高度在内的全赛试跳中，失败次数较少者名次列前；如成绩仍然相等，当涉及第一名时，则在造成其成绩相等的失去继续试跳权利的最低失败高度上，每人再试跳一次；如仍不能判定名次，则降低或提升高度，直至分出名次为止。有关运动员必须参加决定名次的试跳；如不涉及第一名，则比赛的名次并列。

(2) 跳远。

① 场地、器材简介。

A. 助跑道长度至少应为 40 米，助跑道宽度为 1.22±0.01 米，应用 0.05 米宽的白线标出助跑道。

B. 起跳板是起跳的标志。起跳板应埋入地下，上沿与助跑道及落地区表面齐平。起跳板至落地区远端的距离至少应为 10 米，起跳板至落地区近端的距离为 1～3 米。起跳板应为长方形，用木材或其他适宜的坚硬材料制成。其长度为 1.22±0.01 米，宽度为 0.20±0.002 米，厚度为 0.10 米，涂成白色。起跳板前面有橡皮泥显示板，其长度为 1.22±0.01 米。

C. 落地区的宽度最小为 2.75 米、最大为 3 米。如有可能，助跑道应对准落地区中央，使助跑道中心线延长时与落地区的中心线重合。

D. 落地区内应填充湿沙，沙面与起跳板齐平。

② 竞赛规则简介。

A. 必须在起跳板后面起跳，方为有效。

B. 有下列情况之一者，应判为试跳失败：

a. 在未做起跳的助跑中或跳跃中，运动员以身体任何部位触及起跳线以前的地面。

b. 从起跳板两端之外的起跳线的延长线前面或后面起跳。

c. 在落地过程中触及落地区以外地面，而落地区外触地点较区内最近触地点更靠近起跳线。

d. 完成试跳后，向后走出落地区。

e. 采用任何空翻姿势。

f. 错过该次试跳顺序。

g. 无故延误时限。

③ 成绩测量与名次判定。测量成绩时，应从运动员身体任何部位触地的最近点量至起跳线或起跳线的延长线，测量线应与起跳线或其延长线垂直。

2) 投掷项目

(1) 铅球。

① 场地、器材简介。

A. 投掷圈应用铁、钢板或其他适宜材料制成，其上沿应与圈外地面齐平。圈内地面应用混凝土、沥青或其他坚硬而不滑的材料修建。圈内地面应保持水平，低于铁圈上沿 0.014～0.026 米。

B. 铅球投掷圈内沿直径为 2.135 ± 0.05 米。

C. 抵趾板应用木材或其他适宜材料制成，漆成白色，其形状为弧形，以便使其内沿与铁圈重合。抵趾板宽度为 0.03～0.112 米，内沿弧长为 1.22 ± 0.001 米，高出圈内地面 0.10 ± 0.002 米。

D. 铅球落地区应用煤渣或草地以及其他适宜材料铺设，以保证铅球落地时能留下清晰的痕迹。

E. 用宽度为 0.05 米的白线标出落地区，其延长线应能通过投掷圈圈心，落地区角度线为 34.92°。

F. 铅球的重量：成年男子组为 7.26 千克，成年女子组为 4 千克。

② 竞赛规则。

A. 应从投掷圈内将铅球推出。运动员须从静止姿势开始进行试掷，允许运动员触及铁圈和抵趾板的内侧。

B. 应用单手从肩部将铅球推出。当运动员进入圈内开始试掷时，铅球应抵住或靠近颈部或下颌，在推铅球过程中持球手不得降到此部位以下。不得将铅球置于肩轴线后方。

C. 不允许使用任何装置对投掷时的运动员进行任何帮助。

D. 运动员进入圈内开始试掷后，如果运动员身体的任何部位触及圈外地面，或触及铁圈和低趾板上面，或以不符合规定的方式将铅球推出，均判为一次试掷失败。

E. 如果在试掷中未违反上述规定，运动员可中止已开始的试掷，可将器械放在圈外或圈内，在遵守本条款的前提下，可以离开投掷圈，然后返回圈内从静止姿势重新开始试掷。

F. 运动员在器械落地后方可离开投掷圈。离开投掷圈时首先触及的铁圈上沿或圈外地面必须完全在圈外白线的后面。

③ 成绩测量与名次判定。

A. 铅球必须完全落在落地区角度线内沿以内，试掷方为有效。

B. 每次有效试掷后，应立即测量成绩。从铅球落地痕迹的最近点取直线量至投掷圈内沿，测量线应通过投掷圈圆心。

(2) 标枪。

① 场地、器材简介。

助跑道长度至少应为 30 米，至多为 36.5 米；条件许可时，应不短于 33.5 米。用宽度为 0.05 米的两条平行白线标出助跑道，白线之间距离为 4 米。投掷弧半径为 8 米，投掷弧可以画出，也可用木料或金属制成，弧宽为 0.07 米，涂成白色，与地面齐平。投掷弧两端向外各画出一条白色直线，线宽为 0.07 米，线长为 0.075 米，与助跑道标志线垂直。

A. 落地区：应用 0.05 米宽的白线将落地区标出，白线内沿延长，通过投掷弧内沿与跑道平行线内沿的交点，并相交于投掷弧所对的圆心角。扇形区所对的圆心角约为 29°。

B. 标准重量：成年男子组为 800 克，成年女子组为 600 克。

② 竞赛规则简介。

A. 掷标枪时应握在把手处，从肩部或投掷臂上臂的上方掷出，不得抛甩，不得采用非传统姿势进行投掷。

B. 只有标枪的金属枪尖先于标枪的其他部位触地，试掷方为有效。

C. 运动员试掷时，在标枪出手以前，身体不得完全转向背对投掷弧。

D. 不允许使用任何装置对投掷时的运动员进行任何帮助。

E. 运动员开始试掷后，如果其身体的任何部位触及投掷弧、助跑道标志线和助跑道以外地面或在试掷时标枪出手不符合规定，均判为试掷失败。

F. 如在试掷中未违反上述五条规定，该运动员可中止已开始的试掷，将器械放在助跑道内或外边，在遵守本条款中要求的前提下，可以离开助跑道，然后返回助跑道重新开始试掷。

G. 如果在试掷或空中飞行时标枪折断，不应判为试掷失败。根据本规则，运动员可重新进行一次试掷。如果运动员因此失去平衡而犯规，也不应判定为试掷失败。

H. 标枪落地后，运动员方可离开助跑道。离开助跑道时，首先触及的助跑道两侧平行线或线外地面必须完全在投掷弧及两端延长线的后面。

③ 成绩测量与名次判定。

A. 标枪尖必须完全落在落地区角度线内沿以内，试掷方为有效。

B. 每次有效试掷后，应立即测量成绩。从枪尖的最先触地点取直线量至投掷弧内沿，测量线应通过圆心。

第二章

定 向 运 动

一、定向运动概述

1. 定向运动的定义

定向运动就是利用地图和指北针(指南针)到访地图上所指示的各个点标,以最短时间到达所有点标者为胜。定向运动通常设在森林、郊外和城市公园里进行,也可在大学校园里进行。定向运动起源于瑞典,最初只是一项军事体育活动。"定向"二字在1886年首次使用,意思是:在地图和指南针的帮助下,越过不被人所知的地带。真正的定问比赛于1895年在瑞典斯德哥尔摩和挪威奥斯陆的军营区举行,标志着定向运动作为一种体育比赛项目的诞生。定向运动距今已有百年历史。

2. 定向运动的分类

1) 徒步定向

(1) 定向越野。定向越野是定向运动(Orienteering)的主要比赛项目之一。它是指参加者借助地图和指北针,以徒步越野赛跑的形式，自由选择行进路线，按顺序到访地图上所标示的各个点标，以最短的时间完成规定赛程者为胜的运动项目。它既可以在森林、野外和公园进行，也可以在校园和军营内进行，因此适合各种年龄、性别的人参加。定向越野比赛是国际定向运动联合会(IOF)(以下简称国际定联)正式承认的比赛项目之一。定向越野现如今已成为一项风靡世界的运动项目，它是定向运动的典型形式。

(2) 记分定向。记分定向通常以个人方式进行。比赛区域内预先设置很多的检查点，并根据地形的难易程度、距离远近、点的位置的相互关系不同而赋予每个检查点以不同分值。选手必须在规定时间内自行寻找这些检查点，以积分最高者为优胜。

(3) 专线定向。专线定向比赛与其他比赛的最大区别是在地图上明确地标出了比赛的路线，运动员必须按这些规定的路线行进，并将途中遇到的检查点位置标绘到地图上，成绩以检查点位置标绘的准确程度和所用时间的长短确定。此方法用于实地用图训练有不错的效果。

2) 工具定向

(1) 滑雪定向。滑雪定向可以按个人、团体或接力比赛等形式进行。它与徒步定向的区别是选手需要使用滑雪装备(非机动)，还需要使用摩托雪橇提前开辟供比赛用的滑道。同一比赛路线上的滑道通常不止一条，以便选手自行选择更有利于自己的滑行路线。

(2) 山地自行车定向。山地自行车定向是指选手骑在山地自行车上进行的定向运动。它需要的场地比徒步定向要大，区域内的大小道路要能构成网络，以便选手骑行。由于不便频繁看图，山地自行车定向选手比徒步走向的选手更需要培养默记地图的能力，同时，在崎岖地形上熟练地驾驶山地自行车的技术也是必不可少的。山地自行车定向是国际定联承认的最年轻的专业项目，它已经有了自己的世界锦标赛。山地自行车定向也可以以个人、团体或接力比赛等形式进行。

(3) 轮椅定向。轮椅定向原来是专为伤残人士特别设计的定向运动形式。其基本赛法是：在野外道路的两侧设置若干"检查点群"，每处3～6个点标，选手们需要按照地图与"检查点说明"的指示，在每个"检查点群"处像做选择题那样，挑选出唯一正确的那个点标。这种赛法，既可以让乘坐轮椅车的伤残人士加入到定向运动的活动中来，又可以供选手进行定向基本技术的训练，同样也是一种能让所有参加者都饶有兴趣参与其中的专项技能比赛。

(4) 特里姆定向。特里姆定向是指在一定的区域内设置许多固定性的检查点，不规定完成时间，以寻找的点数给予记录或纪念品以资鼓励。在有些国家，人们还常常以家庭为单位进行比赛，并尝试了使用不同交通工具的定向运动，如乘坐摩托车、独木舟或骡马等。

二、定向越野的器材与场地

开展不同等级、不同项目的定向运动，其所需的物质条件也不尽相同。下面介绍的是个人徒步定向越野所需的基本物质条件，原则上它们也适用于其他定向运动项目。

1．定向越野的器材

1) 号码簿

号码簿一般不超过 24 厘米×20 厘米，号码数字的高不小于 12 厘米，字迹要清晰，字体要端正(如图 2-1 所示的 1)。正规的比赛要求将号码簿佩戴于前胸及后背两处。

1—号码簿；2—指北针；3—检查卡片；4—地图；5—点签；6—检查

图 2-1　定向越野的基本器材

2) 指北针

指北针多由组织者提供，如要求自备，则可能会对其性能、类型做出原则上的规定。目前国际上的定向越野比赛常使用由透明有机玻璃材料制作的指北针(如图 2-2 所示)。

图 2-2 指北针

3) 检查卡片

检查卡片主要用于判定运动员的成绩。检查卡片用厚纸片制成，分为主卡和副卡两部分：主卡由运动员在比赛中携带，并按顺序将每个检查点的点签图案印在空格中，到达终点时交裁判人员验证；副卡在出发前交工作人员留底和公布成绩时使用。检查卡片的尺寸一般为 21 厘米 × 10 厘米。

4) 地图

地图是定向越野最重要的器材。其幅面的大小是根据比赛区域的大小来确定的，比例尺通常为 1∶1.5 万或 1∶2 万，当需要时也可采用 1∶1 万或 1∶2.5 万；等高距为 5 米，当需要时也可用 2 米至 10 米，但在一幅图上不得使用两种等高距；越野图的精度，要保证以正常速度奔跑的运动员没有任何不准确的感觉；越野图要详细表示与定向和越野跑直接相关的地物、地貌，要利用颜色、符号等详细区分通行的难易程度。

5) 检查点标志

检查点是用于检查参加者是否按规定跑完全程而专门设置的标志。检查点应在地图上准确表示出来。检查点标志是由3面标志旗连接组成的，每面正方形小旗沿对角线分开，左上为白色、右下为红色，旗的尺寸为30厘米×30厘米，可以用硬纸壳、胶合板、金属板、布等材料制作。标志旗通常要编上代号(国际上过去曾使用数字做代号，现已规定使用英文字母)，以便于选手在比赛时根据旗上的代号来判断是否找到了正确的检查点，如图2-3所示。

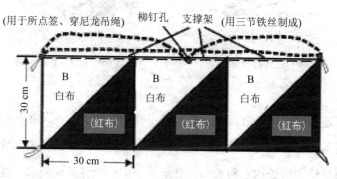

图2-3 标志旗

6) 打卡器

打卡器是与控制点配合使用的，它提供给参加者一个到达位置的凭据。打卡器的样式很多，但最常见有印章式打卡器和钳式打卡器(如图 2-4 所示)，大型比赛均使用电子打卡器(如图 2-5 所示)。

图 2-4 钳式打卡器   图 2-5 电子打卡器

7) 服装

定向越野比赛对运动员的着装没有特殊的要求，通常衣裤以紧身又不影响呼吸与运动为宜，为防止树枝刮伤和害虫侵袭，最好选用面料结实的长袖衣和长裤，甚至使用护腿。鞋身应防水、轻便、柔软而又结实，有利于上下陡坡、踩光滑的树叶或走泥泞地；鞋底的花纹最好是高凸深凹的齿，避免在碎沙地上奔跑时滑倒。

2. 定向越野的场地

1) 比赛区域的地形

地形是地物和地貌的总称。地物是指地面上的固定性物体，如建筑物、道路、河流、树木等。地貌是指地面的高低起伏状态，如山地、丘陵、平地、洼地等。由于地形对定向越野比赛的难易程度和用时长短有较大的影响，因此要根据比赛需要选择地形。

2) 对比赛区域地形的要求

(1) 要有与比赛的等级相适应的难度，并保证它能够使运动员充分发挥自己的定向越野技能。

(2) 比赛区域必须是所有选手都不熟悉或不太熟悉的，至少应防止赛区当地的选手在比赛中获得明显的优势。为保证这点，有的国家规定，3 年内不得在同一地点举行第二次比赛。

(3) 比赛区域的选择与确定在赛前必须严格保密。通常情况下，合格的定向越野比赛地域应具备的特点是：中等起伏的森林地貌，植被适度，地形变化多样的有限通视地域，生疏的人烟稀少地区。当然，在组织一般的定向越野活动时，城市公园、近郊区以及未耕种或未长成的田地也是可供选择的地点。

3) 起点和终点

定向越野比赛的起点与终点最好设置在同一处，这样能方便比赛的组织工作。起点与终点一般设在地势平坦且面积足够大(与比赛规模相适应)的开阔地上，对于作为终点通道的地段就更要平坦和有足够的长度，这样才能让裁判人员与观众看清楚跑回来的选手。

4) 比赛路线

定向越野比赛路线通常按环形设计。定向越野比赛路线的距离只是个相对准确的数字，因为它是按从起点经各检查点至终点的图上最短水平距离计算的。

比赛路线的距离一般要根据运动员的水平和比赛时间确定。在小型比赛中，路线长度的设计应参考下列完成时间：

(1) 竞争性的：40 分钟以上(4～6 千米)，60 分钟以上(6～8 千米)。

(2) 初学者：30 分钟以上(2～3 千米)，50 分钟以上(4～5 千米)。

比赛路线的质量标准，简单地说就是：具有可选择性，使运动员能够根据自己的能力对前进的方向和路径进行选择；具有可判读性，只有这样才能迫使选手依赖识图用图的能力参加比赛，体现出定向越野的特点。

在比赛中，检查点间最合适的距离应设计在500～1000米之间，如果受到地图比例尺或地形条件的限制，检查点间的距离可以适当放宽，但最短不宜少于 100 米，最长不宜超过 3000 米。通常检查点的数量越多，比赛的难度越大，用的时间就越长；反之，比赛的难度越小，需要的时间就越短。

比赛路线说明如下：

(1) 路线的开端。要使运动员一开始就进入情况——思考如何行进，因此，路线的开端的地形以不应让运动员观察到赛区的全貌为原则，但也不必过于复杂。

(2) 路线的中段。比赛路线的中段是定向越野比赛的关键性部分，选手的比赛成绩主要是在中段比赛中决定的。路线中段的设计质量主要取决于地形的因素和检查点位置的选择。一般来说，地形要有变化并有足够的难度，检查点设置在地图上做了正确标识的地物上或地物附近。检查点的位置应使选手既不能在很远的地方就能看到，也无需很费力才能找到。如果符合上述要求，那么这个路线中段的设计质量就是比较好的。

(3) 路线的末端。地形要比较简单、开阔，而且视野要好，以便满足设置标志、选手们做最后的冲刺、工作人员观察和观众观看等需要。

三、定向地图的基本知识

地形是地貌和地物的总称。地貌是指地面高低起伏的状态，如山地、平坦地、谷地等，当然也包括一些附属于它的地物，如小丘、土崖、冲沟等。地物是指地面上的固定物体，如居民地、道路、江河、森林等。

地图分为普通地图和专题地图两大类。

普通地图是以相对均衡的详细程度表示制图区域内各种自然和社会现象的地图。普通地图包括平面图、地形图和地理图三种。

专题地图以普通地图为地理基础，其特点是：只对专题内容详尽表示，而对其他地理信息则简化或选择相关的内容予以表示。例如，定向地图一般都是以地形图为底图修测制作的，定向地图就是专题地图的一种。

1. 等高线与等高距

1) 等高线

等高线(如图 2-6 所示)是指由地面上高程相等的各点连接而

成的曲线。从等高线的形态和密度可以反映山的形状、高度和斜度。

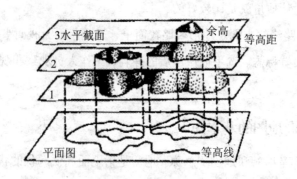

图 2-6 等高线

假想把一座山从底到顶按相等的高度一层层水平切开，这样，在山的表面就出现许多大小不同的截口线，再把这些截口线垂直投影到同一平面上，便形成了一圈套一圈的曲线图形，因为同一条曲线上各点的高程都相等，所以称为等高线。读懂等高线很重要，因为它在很大程度上影响路线的选择。地图就是根据这个原理显示地貌的。

2) 等高距

相邻两等高线水平截面的垂直距离称为等高距(如图2-7所示)。它指的是两相邻等高线的高差。从等高线显示地貌原理可知：

(1) 等高距愈小，同一幅图上等高线愈多、愈密，图面愈不清晰，地貌显示愈详细。

(2) 等高距愈大，等高线愈小、愈稀疏，图面愈清晰，地貌显示愈简略。

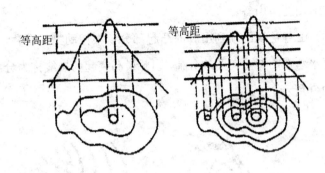

图 2-7　等高距

2．地貌识别

1) 地貌认识

(1) 不同形态的山。为了区别凹地与山顶，山顶的等高线呈小的闭合环圈，如图 2-8 所示。表示凹地的环圈都要加绘示坡线。示坡线是指示斜坡降落方向的棕色短线，它与等高线垂直相交，与等高线不相接的一端指示下坡方向。

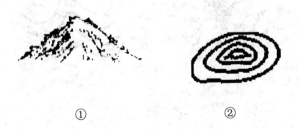

①　　　　　　　　②

图 2-8　山顶的等高线

需要注意的是，图 2-8 中，①是各种地貌现实中的形状，②表示各种地貌在地图上的形状，下同。

(2) 山背与山谷。

① 山背是从山顶到山脚的凸起部分，很像动物的脊背，下雨时，雨水落在山背上向两边分梳，因此最高突起的棱线称为分水线，如图 2-9 所示。

①   ②

图 2-9   山背

② 山谷是相邻的山背、山脊之间的低谷部分，由于山谷是聚水的地方，因此最低凹部分的底线称为合水线，如图 2-10 所示。

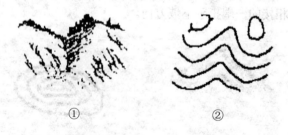

①   ②

图 2-10   山谷

(3) 鞍部。鞍部是相连两山顶间的凹下部分，其形如马鞍状，如图 2-11 所示。

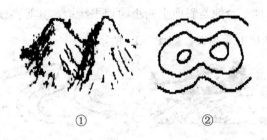

① ②

图 2-11 鞍部

(4) 山脊。山脊是由数个山顶、山背、鞍部相连所形成的凸棱部分,山脊的最高棱线称为山脊线,如图 2-12 所示。

① ②

图 2-12 山脊

(5) 洼地。洼地是低于周围地而且无水的地方,通常在其等高线图形的内侧绘有示坡线,如图 2-13 所示。

① ②

图 2-13 洼地

(6) 台地。台地是斜面上的小面积平缓地，其等高线是一组向下坡方向凸出的等高线，如图 2-14 所示。

①   ②

图 2-14　台地

(7) 山垄。山垄是斜面上的长而狭窄的小山背，其等高线是一组向下坡方向凸出的等高线图形，如图 2-15 所示。

①   ②

图 2-15　山垄

(8) 山凸。山凸是斜面上的短而狭窄的小山背，其等高线是一条向下坡方向凸出的等高线图形，如图 2-16 所示。

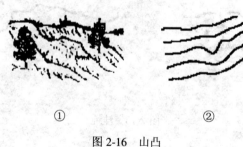

①   ②

图 2-16　山凸

(9) 丘。丘是隆起的小土包，如图 2-17 所示。

① ②

图 2-17 丘

2) 图例说明

图例说明是专业定向地图上的重要注记，它可帮助你理解地图所表示的事物。它采用的是国际语言符号，所有符号全球通用。

根据国际定向联合会的《国际定向图制图规范》(ISOM 2000)将定向地图上的语言符号分为以下七个类别：

(1) 地貌(用棕色表示)：表示地球表面高低起伏的各种形态、如山地、平地。这类符号包括土坎(崖)、土墙、冲沟、小丘、小凹地、坑洼地等专门符号。

(2) 岩石与石块(用黑色加灰色表示)：岩石与石块是地貌的特殊形式。它可以为读图和确定站立点提供参照物，还可以向运动员提供是危险还是可奔跑的通行情况。

(3) 水系与淤泥地(用蓝色表示)：这类符号包括露天的明水系和特殊的水生植被。这类符号非常重要，它不仅能够表示对运动员通行的影响程度，还可以为读图和定点提供参照物。当水系植被的四周围着黑线时，表示该地物在通常气候条件下不能通过。

(4) 植被(用空白或黄色加绿色表示)：植被的表示对运动员来说

很重要，因为它能反映地面的通透性，直接影响运动员的视野和奔跑速度，也可以给运动员提供参照物。

(5) 人工地物(用黑色表示)：它包括各种道路、村庄、建筑物等符号。道路为运动员奔跑时提供重要的信息，可以让运动员知道道路的宽度，它和其他地物符号一起帮助运动员读图和确定点位。

(6) 技术符号(用黑色加蓝色加棕色表示)：技术性符号对所有地图都是很重要的内容。在定向地图上主要有磁北线、地图套版线、高程注记等。磁北线将在后面单独介绍。地图套版线是地图制版用的，运动员可利用它判断地图的质量。高程注记表示某个点的高程(海拔高)，运动员可利用它计算参照物的高差。

(7) 线路符号(用紫色表示)：比赛线路及其通行、障碍、危险等等情况。

四、定向越野的基本技能

1. 使用地图与指北针

熟练地掌握使用国际定向地图与指北针的各种方法，在定向越野中具有特殊的重要意义。认识定向地图是为了正确地使用定向地图，因此，在学习定向越野技能的阶段，必须选择最合适的场地，用较多的时间去进行使用定向地图与指北针的训练。下述内容是属于最基本的和必须通过反复练习熟练掌握的。

1) 实地判定方位

实地判定方位是指在实地辨明东、西、南、北方向。了解实地的方位是使用地图的前提。在野外，可帮助我们明辨方向的方法很多，例如，白天可利用太阳和手表来辨别方向，晚上可利用星体来辨别方向，还可以利用地物特征、建筑物、风向等来判定方位。

(1) 利用指北针判定方位。

① 方法：将指北针放平，待磁针完全静止后，磁针的红色一端，即 N 端为北面，S 端为南面。如果测定方位的人面向北面，则他的左为西，右为东，背后为南。

如果想测某一点的方位，可将罗盘上的零刻度对准目标，当罗盘水平静止后，N 端所指的刻度便是测量点至目标的方位，如磁针 N 端指向 36°，则表示目标在测量位置的北偏东 36°。

② 在使用指北针时应该注意：

A. 尽量保持指北针水平放置。

B. 不要离铁、磁性物质太近。

C. 不要将磁针的 S 端与 N 端混淆，造成误判。

(2) 利用地物判断方位。

在野外，凡见到有地物和植物生长的地方，同样可以根据日常生活习惯和自然客观规律产生的现象进行方位判定。例如，地球的北半球，我们居住的房屋或用于朝拜的庙宇大门通常都朝南开设；树木一般朝南的一侧枝叶茂盛、色泽鲜艳、树皮光滑，向北的一侧则相反；长在石头上的青苔喜阴湿，以北面为旺；积雪的融化多是先融化朝南的一面；通常墙、土堆、土堤、地埂、石块、建筑物等突出物的南面干燥，春草早生，冬雪早化，而向北一侧的基部较潮湿，夏长青苔，冬存积雪。土坑、林中空地的特征正好相反。

(3) 利用太阳和手表判定方位。

在晴朗的天气，上午 9 时至下午 4 时之间，用时针对准太阳，此时手表上的时针与 12 时刻度夹角平分线所指的方向为南方，相反为北方。利用太阳和手表判定方位如图 2-18 所示。但是需要注意：一是将手表平置；二是在南、北纬 20°～30° 之间地区的中午前后不宜使用；三是要把标准时间换算为当地时间。

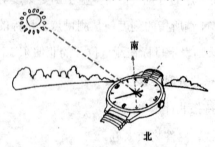

图 2-18　利用太阳和手表判定方位

2) 标定地图

(1) 概略标定。定向地图上的方位是：上北、下南、左西、右东。在现地正确地辨别了方向之后，只要将地图的上方对向现地的北方，地图即已标定。这种方法简便迅速，是定向越野比赛中最常用的方法。

(2) 利用磁北线(MN 线)标定。先使透明式指北针同盒内的定向箭头朝向地图上方，并使箭头两侧的平行线与地图上的磁北线重合(或平行)，然后转动地图，使磁针北端对正磁北方向，地图即已标定，如图 2-19 所示。

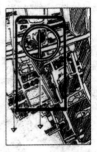

图 2-19　利用磁北线(MN 线)标定地图

　　(3) 利用明显的地物、地貌标定地图。明显地物，如小桥、突出树、塔形建筑物、亭子等。明显地貌，如山顶、鞍部、路、河流等。在地图上找到地物地貌符号，转动地图对照地形，如图 2-20 所示。

图 2-20　利用地物、地貌标定地图

(4) 利用直长地物标定地图。直长地物是指较长的线状地物，如道路、电线、围墙等。在地图上找到直长地物符号，转动地图对照，如图 2-21 所示。

图 2-21 利用直长地物标定地图

3) 确定站立点位置

(1) 直接确定。当自己所处位置是在明显的地形点上时，只要从图上找出该地形点，站立点即可确定，如图 2-22 所示。但是，采用直接确定的困难在于：在紧张的比赛中，在正确地区别不同的地物时容易发生"张冠李戴"。

① 可以被列为明显地形点的地物主要有：单个的地物(如房屋、水塔、凉亭、小桥等)；现状地物的拐弯点、交叉点(呈"十"字形)、交汇点(呈"丁"字形)和端点；现状地物的中心或者有特征的边缘。

② 可以被列为明显地形点的地貌主要有：山地、鞍部、洼地、陡崖、冲沟等，谷地的拐弯、交叉和交汇点，山脊、山背线上的转

折点、坡度变换点。

图 2-22 直接确定

(2) 利用位置关系确定。当站立点位于明显地形点附近时，可以利用位置关系来确定站立点，如图 2-23 所示。利用位置关系确定站立点主要是依据两个要素：一是站立点至明显点的方向；二是站立点至明显点的距离。在地形起伏明显的地方，还可以结合高差情况进行判定。当一个人站立于小河北岸、村舍正右方，左距公路 150 米远处时，依此方位关系，在地形图上定出站立地点的位置。

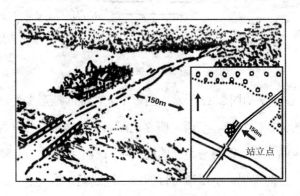

图 2-23 利用位置关系确定

(3) 利用"交会法"确定。当站立点附近无明显地形点时，可以利用 90°法、连线法、后方交会法。这些方法的优点是：不需要判断或测量距离也能确定出较为准确的站立点位置。这对于初学者学习、巩固使用越野图的训练是很有意义的。

① 90°法如图 2-24 所示。当待测点位于线状地形(包括道路、沟渠、山背线、谷地线、坡度变换线等)上时，如果在与运动方向相垂直的方向上能够找到一个明显的地形点，线状地形符号与垂直方向线的交点即为站立点。

图 2-24 90°法

② 连线法如图 2-25 所示。当一个人在线状地形上运动时，如果待测的位置恰好是在某两个明显地形点的连线上，可以利用这种方法确定站立点。铁塔与小丘的连线中间与小路的交点，就是这个人的站立点的位置。小山顶与目的地的连线至路的交点，就是这个人的站立点的位置。

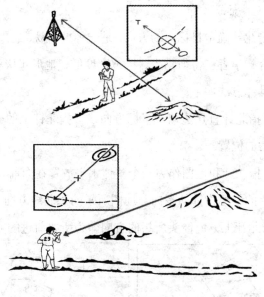

图 2-25　连线法

③ 后方交会法。后方交会法通常要求地形较开阔，远视良好，如图 2-26 所示。其步骤如下：在图上找到选定的方位物之后，标定地图；然后按照连线法的步连分别向各个方位物瞄准并画方向线，图上方向线的标点就是站立点。

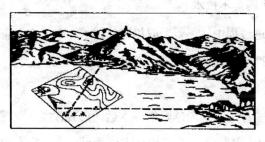

图 2-26　后方交会法

4) 确定目标点方向

利用指北针确定目标点的方向,是一种最简易、最快速的方法,它特别适合初学者在特征物少、植被密度低、地形起伏不大的树林中使用。具体方法如下:

(1) 将指北针直尺边切于目标方向线,指北针上的方向箭头指向所要到达的位置。

(2) 把指北针和地图作为一个整体水平放置在面前,转动身体,使指北针上的红色指针的指向与地图所示的磁北线方向一致。

(3) 指北针上方向箭头所指的方向即为所要前进的方向。

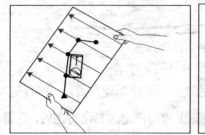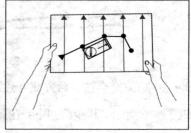

图 2-27　确定目标点方向

2. 定向基本技术

在前进过程中,还要采取相应的技术,才能确保正确的行进方向,安全准确地到达目的地。

1) 依地图行进

依地图行进是定向越野的基本运动形式,也是一项最基本的技能。在奔跑途中,应首先了解前方要通过的方位物,边跑边对照地形。在经过每个岔路口、转弯点、居民地进出口时，应快捷准确地对照地形，随时了解自己在图上的位置。做到"随时标定地图，随时确定站立点在图上的位置，随时对照周围地形，随时保持清醒的头脑"。具体的行进方法有如下几种：

(1) 拇指辅行法。

在定向运动中，用拇指压住图上自己目前站立点的位置，将拿图的手的拇指想象为自己(缩小到了图中的自己)，当向前运动时，拇指也在图上做相应移动，这种方法称为拇指辅行法。拇指辅行法主要是帮助运动员随时明确自己在图上的位置，如图 2-28 所示，其具体方法如下：

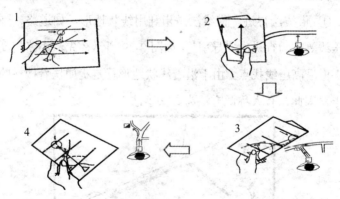

图 2-28　拇指辅行法

① 明确站立点、比赛路线、目标点。

② 转动地图，使地图与现地方向一致，并将左手拇指压于站立点一侧上，先上大路。

③ 到大路后转动地图，移动拇指(沿大路跑，看到路旁小屋后

向右转)。

④ 再转动地图，移动拇指(沿大路跑，经过右侧路口后在下一路口左转弯，可直达目标点)。

(2) 沿地形地貌行进。

沿地形地貌行进是初学者必须掌握的一项基本技术。线形地貌如河流、栅栏、小路、围墙等；明显地物如房屋、独立树、石碑等以及等高线等都是很好的参照物，可以提供安全、快捷的路线。其方法是按所跑路线的顺序，分段、连续或一次性地记住前进方向上经过的地形点、两侧的特征物等内容，使现地的情景能够不断地与记忆内容"迭影"、印证，做到"人在地上跑，心在图上移"。

① 借线法行进。借线法是指利用线状地形，如道路、围栏、高压线等作为行进的"导引"，如图 2-29 所示，先沿小路到高压线下，再沿高压线找点。由于沿着线状地形行走犹如扶着楼梯的栏杆行走，因此，有人称此方法为"扶手法"。

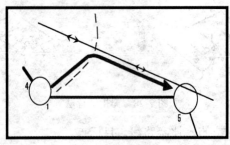

图 2-29　借线法

② 借点法行进。借点法是指利用明显的地物地貌点来控制运动方向，如图 2-30 所示。当检查点附近有高大、明显的参照物时，

可采用此方法。在图 2-30 中，3 号点与 4 号点之间没有路，地形复杂，通行困难。选择路线：① 鞍部；② 建筑物；③ 在丘与陡崖之间找点。

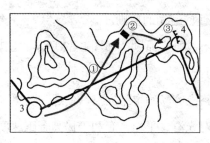

图 2-30 借点法

③ 水平位移法行进。当站立点与检查点在同一高度上时，可沿等高线行进，但要确定站立点与检查点之间是否可通行。水平位移法如图 2-31 所示。

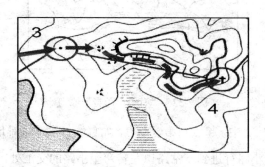

图 2-31 水平位移法

2) 选择路线

定向运动每次出发时(包括途中每一段落出发)，首先必须判明出发点的图上位置，明确前进方向和目标点，然后标定地图选准前进方向，向目标点进发。

(1) 选择最佳路线的技能。最佳行进路线应为省体力、省时间、最安全、便于发挥自己的技能或体能优势的路线。

(2) 选择路线应遵循的原则。

① "有路不越野"原则，如图 2-32 所示。应尽量选择沿道路行进，这是因为：

A. 人在道路上容易确定站立点，使运动员更具信心。

B. 地面相对光滑、平坦，有利于提高奔跑速度。

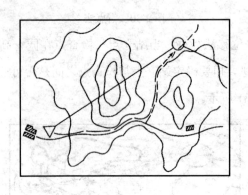

图 2-32 "有路不越野"原则

在图 2-32 中，起点到第一个点，如直线行进需艰难地翻越一座山峰，沿着小路行进到一岔路口左转弯至小路的交汇处，寻找点标。沿着小路行进，路线虽然长一点，但不需翻山，可节省体力。

② "走高不走低"原则。在定向比赛中，如果不得不越野，当目标点在半山腰周围又没有明显的地貌地物时，应选择从山顶向下寻找的方法。这就是人们常说的"从上到下法"。应尽量选择在

高处行进，避免在低处行进。这是因为：地势高，视野好，便于确定站立点和保持行进方向；高处通风、干燥，荆棘、杂草、虫害及其他危险少。

③"提前绕行"原则，如图 2-33 所示。在定向比赛中，运动员应超前读图，提前思考，明确自己下一步将要到达的地点，阅读地图时一定要注意通观全局，特别是检查点之间大的障碍。不能等遇到障碍再折线绕行，而应该全面分析地貌地形，提前选择好最佳迂回运动路线。

在图 2-33 中，2 号点与 3 号点之间是一段复杂的地形，不能沿直线跑。选择路线：

A. 过鞍部沿陡崖向下跑，目标是堤坝。

B. 过堤坝沿着右侧山坡右转至小谷地寻找目标点。

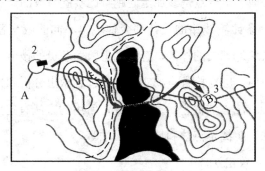

图 2-33　"提前绕行"原则

④ 地形起伏不大，树林稀疏可跑的地段，坚持"选近不选远"原则，如图 2-34 所示。在图 2-34 中，1 号点与 2 号点之间是一片树立稀疏的地段，选择路线时采用直线跑道小路旁找点，如选择其

他路线，则距离较远。

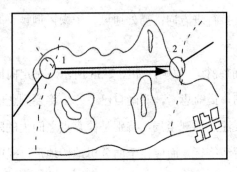

图 2-34 "选近不选远"原则

3) 准确捕捉检查点技能

在定向比赛中，运动员到达检查点附近后，如何能够捕捉到检查点，是一项十分重要的技能，掌握方法能够有助于准确迅速地捕捉目标点。捕捉检查点是参加定向越野比赛胜与败的一项关键性的技能。每一条比赛线路的设计都会体现出不同的或交替出现的难题，有时考验运动员的体能，有时则考验运动员的技能。当运动员接近检查点时，应对检查点的实地准确位置做出分析和判断，并考虑采用何种方法去捕捉它。一般来说，常用的方法有定点攻击法、提前偏差法、距离定点法和地貌分析法等。

(1) 定点攻击法。

当检查点设在明显、较大的地物、地貌点上或附近时，可采用定点攻击法，如图 2-35 所示。首先将这些明显的地貌、物貌设为攻击点，然后根据这一攻击点与检查点的相对方位、距离关系寻找检查点。

在图 2-35 中，从 3 号点到 4 号点，沿着小路行进，目标是建筑物，找到建筑物后，在建筑物的北面就能找到检查点。

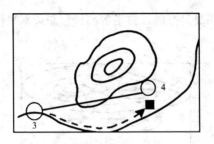

图 2-35 定点攻击法

(2) 提前偏差法。

当检查点设在线状地物如大路、沟渠、河流的一侧时，可采用提前偏差法。首先根据地形条件，选择线状物为目标点，然后提前偏离检查点，跑到线状物上，再根据线状物与检查点位置的关系找到检查点。

① 提前偏差法 1 如图 2-36 所示，沿一座明显的小山坡行进，横穿公路后到湖边，继续朝池坑跑去，在坑的左边找检查点。

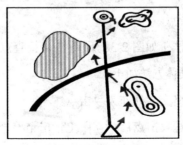

图 2-36 提前偏差法 1

② 提前偏差法 2 如图 2-37 所示，检查点为山脚下的小屋。可

以用指北针直接定位于该点，但很有可能跑偏向而错过目的地；相反，可以用指北针定位在小屋偏右、两山鞍部的方向，当跑到山脚下，地势开始明显升高时，再沿等高线向左边水平位移，就可找到检查点。

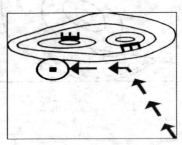

图 2-37　提前偏差法 2

(3) 距离定点法。

当检查点在地势较平坦、无路、植被较多的地形或检查点在细碎的地貌特征之中时，可以采用距离定点法。

距离定点法首先要借助周围的地物、地貌特征作为攻击点，然后利用指北针瞄准目标点方向，结合步测、目测等方法测算距离，一步步地接近检查点。

① 距离定点法 1　如图 2-38 所示，5 号检查点位于平地树林中，定位较困难，其具体方法如下：

A. 先选择小路交会处作为攻击点。

B. 沿小路到达攻击点后，在图上量出至检查点的距离(换算成复步)。

C. 用指北针测定出检查点的方向并沿此方向步测前往。

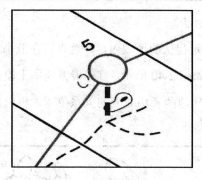

图 2-38　距离定点法 1

② 距离定点法 2 如图 2-39 所示，检查点位于细碎的地貌特征之中，情况复杂，其具体方法如下：

A. 选择小路交会处作为攻击点。

B. 沿小路到达进攻点，图上量出至检查点的距离(换算成复步)。

C. 用指北针仔细地测定检查点的方向，沿此方向步测前往。

D. 必要时，途中还需要仔细地查看地图。

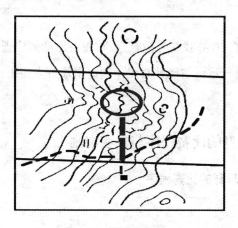

图 2-39　距离定点法 2

(4) 地貌分析法。

在地貌有一定起伏的地域内，检查点设在低小地物附近时，采用地貌分析法，如图 2-40 所示。首先根据地图上检查点与地貌的关系位置，分析出实地两者相对应的关系位置，再依据这种关系位置来寻找到检查点。

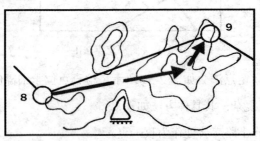

图 2-40 地貌分析法

在图 2-40 中，寻找 9 号检查点，首先要运动到检查点西南山顶，在山顶位置通过地图与现地对照，判定出检查点在山背即可发现 9 号检查点。

在图 2-40 中，寻找 9 号检查点，首先要运动到检查点西南山顶，在山顶位置通过地图与现地对照，判定出检查点在山背即可发现 9 号检查点。

五、定向越野的比赛程序与竞赛规则

1. 定向越野的比赛程序

1) 报到处

参加者在比赛前被带到赛区的报到处，办理登记手续，领取出赛号码簿和计时卡，在会场内可查阅参赛运动员的出发时间或有关该次比赛的资料。

2) 出发区

参加者需于出发前十分钟到达出发区，通常出发区距离会场数分钟至 30 分钟的路程，参加者须听从赛会指引，自行安排时间前往，避免迟到。如因个人延误迟到，所损失的时间将不会补偿。

3) 进行比赛

在个人赛中，各组的参加者一般每隔 1 分钟或若干分钟出发一队，出发后参加者必须离开出发方格，以免阻碍其他参加者出发。出发后须寻找所须到访的控制点然后返回终点报到。在接力赛中一般集体出发。

4) 终点处

参加者通过跑道、越过计时器后，计时员会把他到达的时间记录下来，然后在地图收集处缴回地图及控制卡。参加者返抵终点后，需迅速离开，以免妨碍随后到达的参加者。

5) 重返会场

参加者将可从布告板上查看比赛成绩及在稍后时间取回参赛留念。如有投诉须于成绩公布后 5 分钟内提出，颁奖后，可各自离场。

2. 定向越野竞赛规则

竞赛规则是运动技术发展的指导性的法规，可为组织、裁判、欣赏体育比赛提供客观统一的依据。为了使大家更好地了解和掌握定向运动竞赛规则的知识，提高参加定向运动的水平，现将定向比赛中有关犯规与处罚的规定作简单的介绍。

1) 警告处罚

(1) 代表队成员擅自出入预备区，但未造成后果的。

(2) 在出发区提前取图和抢先出发者。

(3) 接受别人帮助，如指路、寻找检查点等。

(4) 为别人提供帮助，如指路、寻找检查点等。

(5) 故意在竞赛中与对手同跑或跟进者。

(6) 故意不按比赛规定顺序行进者。

(7) 不按规定位置佩戴号码簿者。

(8) 有其他违反比赛规则行为者。

2) 成绩无效

(1) 冒名顶替参加竞赛者。

(2) 在定向越野赛竞赛中使用交通工具者。

(3) 有证据表明在竞赛前勘察过路线者。

(4) 超过规定的完成竞赛时间者。

(5) 竞赛未结束，运动员到达终点后，再进入赛区者。

(6) 未通过全部检查点且伪造点签图案者或检查卡片上打印器图案不全者。

(7) 打印器图案模糊不清，确实无法辨认者。

(8) 竞赛结束前(即终点关闭)不交回检查卡片者。

3) 取消竞赛资格

(1) 竞赛前如有运动员或运动队擅自进入竞赛场地，即在比赛前勘察过路线者。

(2) 不符合分组年龄标准或谎报年龄、弄虚作假者。

(3) 蓄意破坏点标、打卡器或其他竞赛设备者。

(4) 有意妨碍他人竞赛者(包括犯有同一性质的其他任何不良言行)。

(5) 丢失竞赛检查卡片者。

(6) 没有佩戴大会颁发的号码簿者。

4) 其他情况处理

(1) 运动员途中因伤病不能继续比赛时，以弃权处理，退赛后应尽快向就近裁判员报告。

(2) 出发前运动员因故退赛，领队或教练员应向起点裁判长递交书面报告。

(3) 运动员迟到且按竞赛顺序的下批运动员已进入出发线时该运动员按弃权处理。

(4) 超过比赛规定的终点关闭时间(检查点一般也在同一时间撤收)而尚未返回会场者。如确系迷失方向，应向附近任意一条大路或原检查点位置靠拢，等候工作人员的处置。

(5) 运动员在竞赛中损害群众利益，有意无意地造成国家或他人的重大经济损失和破坏自然风景者。视情节给予处罚，造成的后果及经济损失由本队负责。

（6）在定向越野赛比赛中，某些特殊的情况是可能出现的。例如，检查点被无关人员拿走或遭自然破坏；检查点的位置与图上的位置不符；比赛中出现个人或团体的成绩完全相同。对于这类问题，通常应在比赛前的准备阶段由筹备组长领导各委员仔细地预研，确定处置办法，形成文字，由技术委员在制定《比赛规程》时列入。如果这些问题是出现在比赛的过程中，则应由裁判长决定处置办法。当某个领导小组成员对裁判长的决定有异议时，应经比赛领导小组组长同意，召集全体成员，以举手表决的方式另行选择处置办法，但必须获得四分之三以上的多数通过。对于在比赛后提交到领导小组的诉讼，原则上也应按此办法处理。

第三章

康复保健

　　体育锻炼时，人体必须承受运动负荷(简称运动量)。运动量犹如作用于人体的一个刺激量，正常情况下这种刺激对促进人体的健康都是有积极作用的，但并非在任何情况下对人体都是一种良性刺激量。承受同一刺激量时，由于人体处于不同的生理状态，甚至有时已处于病理状态，就会引起不同的生理反应。锻炼者必须分清这些反应是正常的生理反应还是疾病，以便及时做出正确的处理或者有效的防治，并相应地调整训练计划或运动量。只有这样才能避免不当运动造成的不良后果，使锻炼者保持健康的体魄。本章主要介绍一般常见的运动生理反应和运动性疾病的征候及处置办法。

一、运动性腹痛

　　腹痛是在运动中常见的症状，可由多种原因引起，并经常在运动过程中或运动结束时发生。这种直接由运动引起的腹部疼痛称为运动中腹痛，主要见于中长跑、竞走、马拉松、自行车、篮球等运动项目，以右上腹痛较为多见。

1. 腹痛的症状与体征

运动性腹痛的发生与运动有直接关系，疼痛程度和运动负荷大小及运动强度密切相关。在小运动负荷和低强度运动时，腹痛往往不明显，而当运动负荷和运动强度增加时腹痛则随之加剧。

腹痛的部位，视病变内脏器官所在之处而不同。肝脏淤血肿胀、胆道疾病为右上腹痛；脾脏淤血肿大为左上腹痛；胃痉挛、急慢性胃炎、胃十二指肠溃疡多为中上腹痛；阑尾炎、髂腰肌痉挛时为右下腹痛；宿便刺激引起肠痉挛为左下腹痛；呼吸肌痉挛则季肋部痛。

腹痛的性质因腹痛原因的不同而异。直接由运动引起的，多数为钝痛、胀痛；腹腔脏器有病变者，则多为锐痛、牵扯痛、钻顶样痛及阵发性绞痛等。

2. 产生腹痛的原因

运动性腹痛的发生和运动员的身体机能状况、训练水平、运动前准备活动情况等因素有关。这些因素往往是运动中腹痛的原因。

有关发病机理主要有以下几个方面：

(1) 肝脾淤血。

肝脾淤血的发生原因主要是运动员准备活动不够、心脏机能水平低下以及运动中呼吸动作的协调性较差等。

　　如果运动前的准备活动不够，影响了全身各系统器官的机能活动，使之无法承担运动时所应承担的较大运动负荷。尤其是循环系统功能的低下，心肌收缩力较弱，使静脉回心血量减少，腔静脉压增高，从而造成肝脾瘀血肿胀，结果增加了肝脾被膜张力，使被膜上的神经受到牵扯而产生上腹部疼痛。

　　运动中呼吸动作的不协调、呼吸急促而表浅，可使胸内压上升，影响腔静脉回流，同样可造成肝脾瘀血。

　　(2) 胃肠道痉挛或胃肠功能紊乱。

　　运动时胃肠道痉挛，使胃肠壁及肠系膜上的神经受到牵扯而产生腹痛。凡饭后过早参加运动、运动前吃得过饱、喝得过多都有可能发生。

　　空腹运动以及运动前吃了容易产气或难消化的食物，都可能因机械刺激胃肠道而引起腹痛。同时，运动时尤其在剧烈运动时，大量血液从腹腔内转移到了骨骼肌，导致胃肠道缺血、缺氧，加上代谢产物的刺激，更容易引起胃肠道的痉挛和功能紊乱。

　　(3) 呼吸肌痉挛。

　　运动过程中若未能注意调整好呼吸节奏，呼吸急促、表浅，可使肋间肌、膈肌等呼吸肌收缩活动紊乱，严重者出现痉挛性收缩，进而引起腹痛。此外，准备活动不充分或不做准备活动，也会影响呼吸肌的活动机能状态，造成呼吸肌缺氧，从而使腹痛加剧。由此产生的腹痛，当呼吸加深时，疼痛更加明显。

　　(4) 腹腔内脏器官病变。

腹腔内脏器官病变，如常见的病毒性肝炎、胆道疾病、消化道溃疡、炎症及胸部病变等是运动中腹痛的潜在因素，运动可使病变器官受牵扯、震动等刺激而诱发腹痛。

3. 腹痛的处理

运动中出现腹痛，可适当减慢速度，及时调整呼吸节奏，加深呼吸，协调好呼吸运动，同时用手按压疼痛的部位或弯腰跑一段，做几次深呼吸，疼痛可得到缓解。如上述处理效果不理想，则应停止运动，口服解痉药(阿托品、654-2)，点掐穴位(内关、足三里)或请医生处理。

4. 腹痛的预防

加强全面锻炼，以增强人体生理机能。遵守锻炼的科学原则，循序渐进地增加运动量；合理安排膳食，运动前不宜饱餐或过多饮水；运动前做好充分的准备活动；运动中注意呼吸节奏，注意呼吸和动作的协调性；中长跑中合理分配速度。对各种疾病引起的腹痛，应积极治疗原发病，同时在医生的指导下进行体育活动。

二、极点和第二次呼吸

1. 极点

人体在剧烈运动时，由于内脏器官的活动能力落后于运动器官的需要，从而会产生了一种特殊的机能障碍，特别是运动器官缺氧，酸性物质堆积在血液中，从而引起呼吸和循环系统活动失调，使人产生一种非常难受的感觉，如呼吸困难、胸闷难忍、下肢沉重、动作迟缓，并伴有恶心等现象。这种运动生理反应称为"极点"。

2．第二次呼吸

"极点"出现后，适当减慢运动速度，并注意加深呼吸，坚持下去，"极点"的生理反应逐步缓解并消失。随后机能重新得到改善，氧供应增加，运动能力又将提高，动作变得协调和有力。这种现象在运动生理学上称为"第二次呼吸"。"第二次呼吸"出现后，循环机能将稳定在新的较高的水平上。

"极点"与"第二次呼吸"是长跑运动中常见的生理现象，无需疑虑和恐惧，只要坚持经常锻炼，处理得当，"极点"现象是可以得到缓解和减轻的。

三、肌肉痉挛

肌肉痉挛是肌肉不自主地强直性收缩，俗称抽筋。运动过程中肌肉痉挛最易发生在小腿腓肠肌，其次为足底部的屈趾肌。

1．症状与体征

痉挛的肌肉疼痛难忍，触之僵硬，邻近关节因疼痛会出现暂时性功能障碍。

2．产生痉挛的原因

(1) 低温刺激。在未做准备活动或准备活动不充分的情况下处于低温环境中运动、训练，肌肉会因低温寒冷的刺激而兴奋性增高，以致引起肌肉强直性收缩，发生痉挛。这种现象多见于游泳时受到冷水刺激，以及冬季户外活动时受到了冷空气刺激的情况。

(2) 电解质的过多丢失。维持肌肉的应激性是电解质的主要生理功能之一。体内电解质的平衡可维持正常的肌肉兴奋性。当在运动中大量出汗，如高温环境中运动或长时间剧烈运动时或运动员急性减轻体重，使体内的电解质(Ca++，Na，Cl)随汗液大量流失，则会造成体内电解质平衡失调，肌肉兴奋性增高而发生肌肉痉挛。

(3) 肌肉的收缩频率过快。紧张剧烈的运动，肌肉连续过快地收缩而放松不够或放松时间过短，可破坏肌肉收缩、舒张的协调性，使肌肉发生强直性收缩引起痉挛，如在短跑、自行车运动中会经常出现这种情况。

(4) 肌肉损伤。运动所致肌肉损伤的结果是 Ca++ 进入细胞，使细胞内 Ca++ 增多，从而造成肌纤维收缩失控，引起了局部肌肉痉挛。同时，损伤性疼痛亦会反射性地引起肌肉痉挛。

3. 处理方法

牵引痉挛的肌肉是常用的缓解办法，例如，小腿腓肠肌痉挛时，可取坐位或仰卧位，伸直膝关节，缓慢用力地将足部背伸；屈足、屈足趾肌痉挛时，则将足和足趾用力背伸。牵引过程中注意用力宜缓，切忌暴力，以防肌肉拉伤；同时，可配合局部按摩(如按压、揉、揉捏)、点穴(如承山、委中)等措施，有助于痉挛的迅速缓解。

在游泳时若发生了肌肉痉挛，首先自己不要惊慌，可先深吸一口气后仰浮于水面，然后采用同样方法对痉挛的肌肉进行牵引。例如，腓肠肌、足趾痉挛时，用同侧手掌压在痉挛侧髌骨上，另一侧手握住痉挛侧足趾，在促使膝关节伸直的同时，缓慢用力向身体方向扣，可连续重复；大腿肌肉痉挛时，可先弯曲痉挛侧膝关节，然后双手抱住小腿用力使之向大腿靠近，再用力向前伸直。上肢肌肉痉挛，可做反复用力屈伸肘关节及用力握拳、张开等动作。待肌肉的痉挛得以缓解后，不要再继续游泳，应上岸休息，并注意保暖、对症治疗。如果自己未能掌握自救方法，应立即呼救。

4. 预防措施

平时要加强身体锻炼，提高机体抵抗力和对低温环境的适应能力。冬季运动注意防寒保暖；夏季运动注意及时补充水、盐、维生素 B_1。运动前做好准备活动，游泳时若水温较低，则时间不要过长。对容易发生痉挛的肌肉，可在运动前适当按摩。

四、肌肉酸痛

1. 症状与体征

运动过后出现身体各部位肌肉酸痛，这种酸痛是广泛性的，没有具体的部位，也不会影响身体的运动功能，但自身感觉无力。

2. 产生的原因

在一次运动量较大的锻炼以后或间隔较长时间未锻炼，刚开始锻炼之后，往往会出现肌肉酸痛。这种肌肉酸痛不是即刻发生在运动结束后，而是发生在运动结束后 1～2 天，因此称为延迟性酸痛。

运动后肌肉延迟性酸痛的原因是运动时肌肉运动量大，引起局部肌纤维及结缔组织的细微损伤，以及部分肌纤维的痉挛所致。由于这种肌纤维细微损伤及痉挛是局部的，因此就整块肌肉而言，仍能完成运动功能，但存在酸痛感。酸痛后，经过肌肉内局部细微损伤的修复，肌肉组织变得较之前强壮，以后同样负荷将不再发生损伤(酸痛)。

3. 处理方法

(1) 对酸痛的局部肌肉进行热敷，促进血液循环及代谢，有助于损伤组织的修复及痉挛的缓解。

(2) 对酸痛的局部肌肉进行静力牵张练习，保持伸展状态 2 分钟，然后休息 1 分钟，重复进行。每天做几次这种伸展练习，有助于缓解酸痛。

(3) 对酸痛的局部肌肉进行按摩，使肌肉放松，促进肌肉血液循环，有助于修复损伤及缓解酸痛。

(4) 口服维生素 C 有促进结缔组织中胶原合成的作用。这有助于加速损伤组织的修复和缓解酸痛。

4．预防措施

(1) 根据不同体质、不同健康状况科学地安排锻炼负荷。

(2) 锻炼时，尽量避免长时间集中练习身体某一部位，以免局部肌肉负担过重。

(3) 做准备活动时，注意练习时负荷重的局部肌肉活动要更充分。

(4) 整理运动，除进行一般性放松练习以外，还应重视进行肌肉的伸展牵拉练习，这有助于预防局部肌纤维痉挛。

五、过度紧张

过度紧张是指锻炼者在锻炼或比赛时，运动负荷超过了机体的潜力而发生的生理紊乱或病理现象。过度紧张多发生在训练水平低、经验较少的新手身上，也可发生在因伤病中断运动较长时间后恢复训练的锻炼者身上，有时也发生在受剧烈精神刺激后的高水平运动员身上。

1．症状与体征

过度紧张有多种类型，症状也有所不同。其分述如下：

(1) 单纯虚脱型。这一类型颇为多见，锻炼者在剧烈运动后，尤其比赛后即刻出现头晕、面色苍白、恶心、呕吐、大汗淋漓等现象。

(2) 晕厥型。表现为在运动中或运动后突然出现一过性的神智丧失，清醒后诉说全身无力、头痛、头晕，检查时可发现心、肺、脑功能降低的现象。

(3) 脑血管痉挛型。表现为锻炼者在运动中或运动后即刻出现一侧肢体麻木，动作不灵活，常伴有激烈的头痛、恶心和呕吐。

(4) 急性肠胃道综合征。轻者是在剧烈运动后很快出现恶心、呕吐、头痛、头晕、面色苍白等症状，经过 1～4 小时能逐渐缓解。有些锻炼者在运动后呕吐咖啡样物，化验潜血阳性，表示有上部胃肠道出血。

(5) 急性心功能不全和心肌损伤型。运动后出现呼吸困难、憋气、胸痛、心跳快速或节律不齐、血压降低等。有的可出现急性心力衰竭，有的为心肌梗塞，轻者可出现心肌缺血、心肌轻度损伤，较重者可导致严重后果。

2. 产生的原因

(1) 单纯虚脱型多见于训练水平不高或已经停练较长时间而突然参加比赛的锻炼者，常为运动负荷或强度太大所致。

(2) 晕厥型的主要原因有三个：一为强力动作使胸腔及肺内压剧增，造成回心血量减少以致脑供血不足；二为下肢长时间运动后突然站立不动，肌肉的挤压作用骤然停止，使血液淤滞于下肢，造成循环血量明显减少，血压下降，出现脑贫血；三为精神上突然受到强烈的刺激，造成中枢调节机制的一过性障碍。

(3) 脑血管痉挛型可能和脑血管先天畸形有关或直接与运动时脑部血液供应障碍有关。

(4) 急性胃肠道综合征的原因是胃局部血液循环障碍，胃粘膜血管的痉挛可引起出血性糜烂或剧烈运动造成胃粘膜通透性改变，导致应激性糜烂。有的锻炼者原有浅表性胃炎、消化道溃疡等症，在运动刺激下也会导致出血。

3. 处理方法

对单纯虚脱型的治疗主要是卧位休息、保暖，可饮用热水或咖啡，较重者可吸氧、静脉注射葡萄糖等，以加速恢复。对急性胃肠道综合征的治疗方法是暂停锻炼，休息观察，必要时服用止血药物，如反复出血，应查明原因再进一步治疗。对其余各种类型，除做现场处理外，应及时送往医院抢救或治疗。

4. 预防措施

锻炼者要做好身体检查，及时发现各种潜在性疾病，尤其是心血管系统和消化系统的疾病。遵守循序渐进的锻炼规律，避免缺乏锻炼或锻炼不够又参加剧烈运动。患病或患病初愈者不要参加剧烈运动；因故中止锻炼者，恢复锻炼时运动量要从小到大。

六、过度疲劳

过度疲劳是指在工作或者运动之后，工作能力暂时下降的状态。它是一种由于连续疲劳积累引起的病理状态。过度疲劳在大学生中多见于过度脑力劳动之后，但也可以见于劳动或者体育训练之后。体力上的过度疲劳，若是由于训练引起的，也称为过度训练。

1. 症状与体征

第一阶段：感觉异常阶段。自我感觉疲劳，食欲下降，睡眠欠佳，学习效率低，对锻炼不感兴趣，有厌倦情绪。

第二阶段：体重下降，脉搏加快，心脏机能试验有不良反应，易疲劳，恢复慢，工作能力下降，运动成绩下降。

第三阶段：运动成绩明显下降，各内脏系统功能混乱失调。

以上三个阶段中，一般大学生多见于第一阶段，有些见于第二阶段，而第三阶段除个别特殊情况外，一般很少见。

2. 产生原因

(1) 生活无规律，为应付繁重课程或者考试而休息不足。

(2) 病后身体尚未恢复，过早为补课而加班或者为参加某一比赛过分强化训练。

(3) 参加某些劳动或活动之后，疲劳尚未消除，体力尚未恢复便参加大运动量的训练。

(4) 训练不当。常见于部分赛前训练，因时间紧，任务重，训练缺乏渐进和系统性，运动量大而且持续时间长或单一的训练等。

3. 处理方法

关键在于早期发现，及时处理。早期处理主要办法是调整计划，减轻负担，注意休息。在有症状的阶段，必要时暂时停止训练，进行必要的治疗，如药物、医疗体育、按摩等，同时注意调整生活习惯。病后恢复的学习或训练，要逐渐加强，要有适应过程。

4．预防措施

合理安排学习或训练，注意身体素质要循序渐进地、全面系统地训练，注意饮食，加强生活节制和自我监督，以便及早发现问题。

七、晕厥

晕厥是指由于脑部一时性供血不足而引起的突然的、短暂的意识丧失。

1．症状与体征

晕厥多表现为头昏、眼花、面色苍白、全身乏力、出冷汗，进而出现意识丧失和瞳孔缩小。一般数秒钟内便可恢复，少数人在数小时后清醒，其他异常体征不明显。

2．产生原因

晕厥多是因局部血管因素造成了普遍的暂时性脑缺血并伴有脑干网状结构血流的减少所致。运动造成一时性脑部供血不足的原因不一，较多见于运动员精神过于紧张及情绪波动较大时，如初次参加大赛前表现出的心情过分激动等。这是因为神经反射使血管紧张性降低，引起了广泛性小血管扩张，继而血压下降，脑血液供应不足，从而导致晕厥。其次，如站立时间过长或下蹲后突然站起及从卧位转为立位时，可因血管神经调节功能失调或血管中交感神经的紧张性较低，使下肢血管收缩的反射过程缓慢，加之血液本身的重力作用，致使血液淤滞于下肢，回心血量减少，心输出量下降，造成脑部一时性缺血。这种反应在举重运动员深吸气后憋气使劲推举杠铃时也常出现，这主要是由于吸气后憋气用力使胸腔及肺内压显著升高，影响了腔静脉回流；同时该动作结束后胸内压突然降低，心脑暂时性的氧、血供给不足，而进一步使血液积聚于大血管中，延迟了正常回流而导致晕厥。运动员疾跑后突然停止跑步出现的晕厥称为重力性休克，这与下肢血管突然失去了肌肉收缩对血管产生的节律性挤压作用，加上血液本身的重力，使得大量血液淤滞于下肢，减少了回心血量有关。重力性休克多见于短跑、中长跑及自行车、竞走、滑雪等运动，以训练水平及身体素质较差的青少年运动员为多见。

3. 处理方法

病情较轻者，只要保持安静，取平卧位，注意保暖，并予以必要的对症处理，口服镇静剂、吃容易消化的食物等；对有心功能不全的患者，应保持安静，取端坐位，给患者吸氧及点掐内关、足三里穴；有昏迷者可加点人中、百会、涌泉等穴；若发生呼吸、心跳骤停，必须立即就地进行人工呼吸和胸外心脏挤压，同时速请医生以做进一步处理。出现晕厥的病人，要平卧休息，保暖防寒，松解束带及衣领、衣袖，给患者吸氧和点掐人中、百会、涌泉等穴，并注意保持呼吸道通畅，神志不清者严禁进食，意识不能迅速恢复者应立即送医院处理。

4．预防措施

晕厥的预防，首先在于加强体育锻炼，提高身体素质和机能水平；其次，在训练和比赛中，应结合身体实际情况量力而行。患病期间，可暂停训练，积极治疗并注意休息。伤病初愈者，要注意逐渐增加运动量。凡在重大比赛和大强度训练前均应做全面深入的体格检查，对有高血压病史、心血管系统疾病史的患者或有家族病史者应禁止参加剧烈运动和比赛。此外，饭后要休息 2～3 小时再进行运动和比赛。

八、中暑

中暑是因高热环境或较长时间烈日暴晒而引起的一种急性疾病。

1．症状与体征

按病情的轻重，中暑可分为以下儿种：

(1) 先兆中暑：为中暑最初表现，主要表现为运动后大量出汗、口渴、头晕、眼花、胸闷、心悸、恶心、全身疲乏、四肢无力、注意力不集中，体温正常或略有升高。

(2) 轻症中暑：由于对先兆中暑未及时采取措施所致。除前述表现外尚有下列症状之一：体温在 38℃以上，出现面色潮红，皮肤灼热等征象；因大量出汗表现出早期周围循环衰竭的征象，如面色苍白，皮肤湿冷，血压下降，脉搏细速等。

(3) 重症中暑：除有轻症中暑表现外，伴有昏厥、痉挛、高热(大于40℃)，皮肤干燥、无汗。重症中暑又可分为四种类型：

① 中暑衰竭：表现为外周循环衰竭的症状，如皮肤苍白、湿冷、软弱无力，脉搏细速、血压下降、呼吸浅促，有昏厥或意识模糊症状，体温无明显波动。

② 中暑痉挛：表现为四肢无力，肌肉痉挛、疼痛，负荷较重的四肢肌肉最易出现痉挛，体温大多正常。

③ 日射病：表现出强烈的机体反应，患者感到剧烈头痛、头晕、眼花、耳鸣、呕吐及烦躁不安，重者昏迷、惊厥。体温多正常。

④ 中暑高热：大量出汗后很快无汗，体温迅速升高，可达40℃～42℃以上，并伴有头晕、头痛、恶心、呕吐、全身无力等症状。重者血压降低、神志逐渐模糊，以致心功能不全及肝、肾、肺、脑功能受损而死亡。

2. 产生原因

正常情况下，人体受下丘脑体温调节中枢的控制，通过神经、体液因素调节产热和散热过程，使之处于动态平衡状态，体温维持在37℃左右。在运动、训练等情况下，体内代谢过程加快，产热量增加，体热通过皮肤的辐射、传导、对流以及呼吸等方式散发到外界，以保持体温的正常。当气温超过了皮肤温度(32℃～35℃)、环境中有热辐射源或空气中温度高且通风不良时，皮肤不仅散热困难，反而会从外界吸收热，从而造成体内热量积蓄而引起中暑。中暑多发生在炎热的夏季里进行中长跑、马拉松跑、竞走、足球等运动项目时。在运动时，由于身体疲劳、机能低下、缺水、缺盐，容易发生中暑。重症中暑产生的原因有以下四种类型：

(1) 中暑衰竭：运动中排汗量显著增加。气温愈高、运动强度愈大，出汗愈多。如果此时不及时补充水分、矿物质等，可导致体内脱水、失盐、血液浓缩及血液粘稠度增高，加上外周血管扩张，血容量更显不足，最终引起周围循环衰竭。

(2) 中暑痉挛：运动中因出汗过多而大量补充水分，盐的补充则相对不足，体液中盐的浓度降低，从而使肌肉的兴奋性提高，于是肌肉发生痉挛。

(3) 日射病：在烈日下运动，不注意保护头部(未戴帽子)，使头部直接受到烈日暴晒，脑部温度上升至40℃～42℃，造成脑组织损伤、充血和水肿，而体温不升高。

(4) 中暑高热：在高温环境下进行高强度运动，体内产热过多，皮肤来不及迅速散热，或者由于空气中湿度高，通风不良，影响了机体散热，造成体内热积蓄过多，体温迅速升高。

3．处理方法

(1) 先兆中暑和轻症中暑的处理：迅速使患者脱离热环境，移至阴凉通风处休息，给予清凉饮料、淡盐水、十滴水、人丹、解暑片或藿香正气丸等，患者可很快恢复。

(2) 重症中暑的处理：速将患者移至阴凉通风处，取平卧位，予以必要的针对性处理。

① 中暑衰竭：应及时补充水分，扩充血容量，纠正循环衰竭。

② 中暑痉挛：应给予含盐饮料或生理盐水，并牵引痉挛肌肉。

③ 日射病：头部用冰袋或冷水湿敷以降温。

④ 中暑高热：在及时采取降温措施的同时补充水分和盐水。

对有昏迷等较重症状的患者，除进行急救处理(针刺、点掐人中、涌泉、足三里等穴位)外，应迅速请医生或送医院抢救。

4. 预防措施

在夏季或烈日下运动，要加强个人防护，着装应宽松、透气、色浅，戴好防护帽，并事先备好清热、解暑饮料和急救药品。合理安排好运动训练时间，延长午休时间，避开烈日高温。室内运动要有通风、降温设备。身体患病、疲劳或体力不济时，不宜参加运动。

九、游泳性中耳炎

中耳炎是中耳的炎症性疾病，是最常见的耳部疾病。游泳性中耳炎是指游泳时细菌随水进入中耳而引起的炎症。

1. 症状与体征

耳部症状常见的是耳内剧烈疼痛，多为刺痛，伴有听力减退、耳鸣及耳后乳突部的明显压痛。如果发生了鼓膜穿孔，则可见有黄色脓液自外耳道流出。早期一般无明显全身症状，随病情进展进入化脓期，便可出现寒颤、发热、全身无力、恶心、呕吐、食欲不振、便秘等症状。鼓膜穿孔后，全身症状和耳部症状均明显减轻。

急性中耳炎如不及时、彻底根治，常可转变为慢性中耳炎。此时，表现为症状反复发作，长时期或间歇性流脓，并有程度不同的听力障碍。严重者有剧烈头痛、眩晕等，还会出现慢性乳突炎、骨膜下脓肿、硬脑膜外脓肿等并发症。

2. 产生原因

在游泳过程中，游泳场所水质不清洁使被污染的水源进入了外耳道，并在外耳道滞留时间较长，将鼓膜浸软，使耳部产生不适感。此时若受机械刺激，鼓膜极易破损，水中病菌便会趁机入侵中耳引起炎症。游泳时呛水，水从咽部的咽鼓管进入中耳亦可引起中耳感染。特别是患有上呼吸道感染，如流感等疾病时，机体的抵抗力下降，疾病未愈就下水游泳，水中致病菌更易乘虚而入，进入咽鼓管，并蔓延、扩散至中耳。在鼓膜破裂、穿孔的情况下，如果仍然下水游泳，则细菌可直接入侵中耳。

3. 处理方法

患者应及时到医院治疗，需卧床休息。适量多饮水，多吃流质饮食，保持大便通畅。药物使用青霉素或磺胺类抗菌素。如果鼓膜已穿孔，应保证引流通畅并用双氧水洗涤外耳道。此外，还可在乳突部作热敷及红外线、超短波等照射。有上呼吸道感染者，应同时积极治疗以消除鼻咽部炎症。

4．预防措施

不要在不清洁的水中游泳，游泳时注意正确的呼吸方法，以免呛水。参加游泳前需进行体检，患有上呼吸道感染或流感等疾病时，暂不宜游泳。若发现鼓膜已有穿孔，游泳时应将涂有凡士林的棉球或橡皮耳塞塞好耳朵。外耳道一旦进水，不要随便挖耳，可在上岸后采用同侧单足跳让水流出；或头偏向有水耳朵一侧，用手掌紧压该耳孔上，屏住呼吸，然后迅速提起手掌，以便将水吸出。

十、溺水

1．症状与体征

窒息后，脸色苍白而肿胀，眼睛充血，口鼻充满泡沫，四肢冰冷，神志昏迷，胃腹吸满水而鼓起，甚至呼吸、心跳停止。

2．产生原因

在游泳时，因肌肉痉挛或技术上的原因导致溺水。溺水时，水经过口鼻进入肺内，造成呼吸道阻塞，或者因吸水的刺激，引起喉部肌肉痉挛，使气体不能进出，导致窒息和昏迷。如果时间稍长，则因缺氧而危及生命。

3．急救措施

(1) 立即将溺水者救上岸后，清除口腔中的分泌物和其他异物，并迅速进行倒水，但不要过分强调倒水而延误了宝贵的抢救时间。

(2) 立即进行人工呼吸。若心跳已停止，应同时施行心脏胸外挤压法。人工呼吸和心脏胸外挤压以 1：4 的比例进行，急救者之间应密切配合，进行积极而耐心的抢救，直至溺水者自主恢复呼吸为止。

(3) 苏醒后，立即送医院，做进一步检查和治疗。在运送途中，必要时继续进行人工呼吸。

对于溺水者，常常需要对真死和假死做出判断。真死一般具有以下四个特征：

(1) 呼吸停止。既看不见又摸不着呼吸运动，即使将细毛或发丝放在鼻腔前，也不见飘动。

(2) 心跳停止。脉搏消失，将耳朵贴在患者胸壁外或用听诊器也听不到心音。

(3) 瞳孔对光反射消失。亮光不能使瞳孔缩小，在黑暗处瞳孔也不见扩大。

(4) 角膜反射消失。用手指或细毛触及角膜，不出现眨眼反应。

若溺水者只出现其中(1)、(2)种征候时，则并非为真死，称为假死。若四种征候都存在，且用手指从两侧挤压眼球时，瞳孔变成椭圆形，则可判为真死。必须记住，急救者切不可轻易判断为真死，在尚未完全出现真死征候之前，要刻不容缓地坚持抢救。

十一、低血糖症

血糖是葡萄糖在体内的运输形式，亦是细胞、尤其是脑细胞能量的主要来源。正常生理情况下的空腹血糖浓度是相对恒定的，一般维持在 80 mg/L～120 mg/L 之间。若血糖浓度低于 55 mg/L，便会出现一系列症状，称为低血糖症。当血糖低于 10 mg/L 时，会出现深度昏迷，称为低血糖性休克。运动中低血糖症的发生，多见于长跑、超长跑、长距离滑雪及自行车等运动比赛过程中或运动结束后。

1. 症状与体征

低血糖症是一个综合征，虽病因不同，但有共同的临床症状。当发生低血糖时，首先出现交感神经过度兴奋或脑功能障碍的症状，这是由于中枢神经系统的糖原储备极少，并呈结合状态，不利于进行氧化利用，脑细胞需直接从血糖中不断取得营养，获得能量，因此大脑对低血糖极为敏感。症状轻者有明显的饥饿感及头晕、眼花、面色苍白、出冷汗、心慌、乏力等症状；严重者神志模糊，思维、语言迟钝，步态不稳，视物不清，甚至出现精神错乱、狂躁易怒、肌肉颤动，以致昏迷。体检时可见脉搏细速、呼吸短促、瞳孔扩大、四肢湿冷，血糖浓度下降至 40 mg/L～50 mg/L。

2. 产生原因

长时间的剧烈运动消耗了体内的大量血糖。运动强度是影响运动中糖利用的主要因素之一，随着运动强度的加大，机体所需要的能量增加，进入肌细胞的葡萄糖量也增加，因而提高了糖氧化速度。当运动强度达到最大吸氧量时，运动中所需能量完全由糖供给。参加自行车、马拉松和超长距离跑等运动项目，如不在途中增加糖的摄入，可使体内糖储备耗竭；运动前食物摄入不足，体内糖原储存不足，运动中又没有及时补充糖的消耗；训练或比赛前补充了大量的糖，随着大量的葡萄糖在短时间内进入血液，使血糖浓度迅速提高，刺激了胰岛素分泌量的增加，很快便引起了血糖浓度的下降，出现"回跃性低血糖症"；精神过于紧张，强烈的情绪波动以及患病、饥饿等情况，干扰了中枢神经系统糖代谢调节机制，使迷走神经易于兴奋，刺激胰岛素的分泌量增加，都可以导致低血糖症发生。

3．处理方法

本症确诊后，轻者平卧休息，口服温热糖水或少量含糖流质饮食，症状短时间内便可消除；症状较重或出现昏迷者，迅速静脉注射 50%葡萄糖 20 mL～60 mL，一般即可纠正低血糖及消除症状。若病情仍不见缓解，可继续予以 5%～10%葡萄糖液静脉点滴，同时点掐人中、涌泉、合谷等穴，配合双下肢按摩，并迅速请医生前来处理。

4．预防措施

平时训练水平低、缺乏锻炼、身体机能差及空腹饥饿者，不可参加长时间的剧烈运动，如马拉松、自行车、长距离跑等项目。运动或比赛前要进食一定量的高糖食品，在长时间运动过程中还需适量补充含糖饮料。少年儿童运动员由于体内肌糖原、肝糖原储备较少，加之代谢旺盛，运动前和运动中尤应注意补充糖类，以防止低血糖症的发生。

十二、运动性贫血

1．症状与体征

运动性贫血发病缓慢，其主要症状有头晕、恶心、呕吐、气喘、体力下降以及运动后心悸、心率加快、脸色苍白等。

2．产生原因

血液中红细胞数与血红蛋白量低于正常值(男性为 12 g，女性为 10.5 g)下限，称为贫血，一般女性发病率高于男性。

运动时肌肉对蛋白质和铁的需要量增加，饮食中摄取的蛋白质不足，可引起运动性贫血。运动时脾脏释放的溶血卵磷脂能使红细胞的脆性增加，加上运动时血流加速，易引起红细胞破裂，致使红细胞的新生与衰亡之间的平衡被破坏而导致运动性贫血。

3．预防措施

合理安排运动量和运动强度，补充富含蛋白质和铁的食物，纠正偏食的习惯。症状严重者，可暂时停止运动训练，仅做些小运动量的体育活动。

十三、运动性血尿、蛋白尿

剧烈运动后，肉眼或显微镜下可见尿中有红血球，称为运动性血尿；运动后引起尿中有蛋白质排出，称为运动性蛋白尿。

1．症状与体征

明显的血尿，肉眼可见尿色清红，轻者仅能在显微镜下才能发现。一般的血尿、蛋白尿无明显的自觉症状，主要靠实验室检查。有严重蛋白尿且时间较长者，才逐渐有贫血或浮肿表现，但这类变化多为泌尿系统本身疾患所致，已非一般的运动疾患了。

2．产生原因

(1) 肾小球一时性机能障碍。主要是由于剧烈运动时血液多流至下肢、肌肉，造成肾小球血供不足，使其机能一时发生障碍，其过滤功能受影响，致使红血球、蛋白等物质漏出。

(2) 外伤。剧烈运动使泌尿系统直接或间接地发生损伤，红血球和蛋白可直接由伤处漏出到泌尿道中。

(3) 泌尿系统有器质性疾患，如肾炎、结石或感染等。剧烈运动会对这些器质性变化增加刺激，易使其损伤或加剧其改变而导致血尿、蛋白尿。

3．处理方法

发现有血尿、蛋白尿时，要查找原因，若为一时运动量过大所致，调整运动量和加强医务监督便可防止。若有器质性改变，应按病情轻重，及时进行治疗。

十四、运动性血红蛋白尿

运动后尿中出现血红蛋白，使尿的颜色随其浓度大小而不同呈现出"樱桃红"色、"浓茶"色或"酱油"色等。这种改变多在运动后第一、第二次尿时出现,往往到第三次尿时多已恢复正常。

1. 症状与体征

血红蛋白尿一般无特殊症状,只有尿液可见上述改变,化验可以确诊。

2. 产生原因

(1) 运动过程中可因撞击的机械性损伤而使红血球破坏增加,致使血中的血红蛋白含量猛增。

(2) 血浆中的球蛋白含量降低或缺乏。因红血球溶血后所产生的血红蛋白与血浆中的球蛋白结合,形成分子较大的蛋白物质不能从肾小球滤出,大量溶血或球蛋白不足时,血浆中部分未被球蛋白结合的血红蛋白可被滤出到尿液中,形成血红蛋白尿。

3. 处理方法

一般可自愈,也可口服维生素 C。多次发生者应调整运动量和加强保护措施。